中南财经政法大学基本科研业务费
青年教师创新项目(2010074)的研究成果

U0611321

中国IPO公司
盈余管理动因与治理研究

A Study on Nature and Constraint Mechanism of Earnings Management Surrounding IPO

黄 梅◎著

中国出版集团
世界图书出版公司
广州·上海·西安·北京

图书在版编目（ＣＩＰ）数据

中国IPO公司盈余管理动因与治理研究 / 黄梅著.
—广州：世界图书出版广东有限公司, 2014.9
　ISBN　978-7-5100-8585-7

　Ⅰ.①中… Ⅱ.①黄… Ⅲ.①上市公司－企业利润－
管理－研究－中国 Ⅳ.①F279.246

中国版本图书馆 CIP 数据核字 (2014) 第 219910 号

中国IPO公司盈余管理动因与治理研究

责任编辑　黄利军
封面设计　高　燕
出版发行　世界图书出版广东有限公司
地　　址　广州市新港西路大江冲 25 号
邮　　箱　sancangbook@163.com
印　　刷　虎彩印艺股份有限公司
规　　格　787mm × 1092mm　1/16
印　　张　8.5
字　　数　148 千字
版　　次　2014 年 9 月第 1 版　2015 年 1 月第 2 次印刷
ISBN　978-7-5100-8585-7/F · 0155
定　　价　30.00 元

前　言

　　首次公开发行(简称 IPO)市场是一个特殊的市场,发行双方"契约磨擦"与"沟通阻碍"的存在导致 IPO 公司盈余管理是一个非常普遍的现象。综观相关文献,国内外对于 IPO 中盈余管理问题的研究主要集中于两个方面,一是 IPO 公司盈余管理动因研究;二是 IPO 盈余管理治理机制研究。关于盈余管理动因的属性,会计学界有两种不同的观点:信号观和机会主义观。盈余管理究竟是有益的,还是有害的? 还是一个有待回答的理论和实证问题。不论是机会主义观还是信号观,都会导致利益再分配效应。盈余管理行为会引发契约关系人之间财富的重新分配,并且过分的盈余管理容易演变成会计欺诈和内幕交易等非法行为,影响到资本配置效率,甚至导致市场失败。探讨 IPO 公司盈余管理的动因与治理,有利于促进 IPO 市场的健康持续发展。

　　本书在文献综述的基础上,首先运用统计模拟的方法,比较各盈余管理应计利润计量模型的检验效果;然后采用实证方法,探讨 IPO 公司盈余管理的动因;最后检验证券监管制度的变迁对 IPO 公司盈余管理的约束。本书的主要研究发现有以下几方面:

　　盈余管理实证研究的一个关键环节是计量盈余管理水平。诸多学者提出众多计量方法和模型,但目前各方法的合理性仍存在争议。本书运用统计模拟的方法,通过测试各模型产生第一类错误和第二类错误的频率,比较基本琼斯模型、修正琼斯模型、无形资产琼斯模型、前瞻性修正琼斯模型、收益匹配琼斯模型、现金流量琼斯模型、非线性琼斯模型等七种常用的截面操纵性应计利润模型在中国资本市场的检验效果。结果发现,在中国资本市场上,基本琼斯模型、修正琼斯模型和无形资产琼斯模型相对较优,它们所犯第一类错误和第二类错误的频率较小,但在收入操纵检测上,修正琼斯模型检验能力更突出;现金流量琼斯模型、非线性琼斯模型虽然检验盈余管理的能力较强,但是存在较为严重的第一类错误,易夸大中国上市公司盈余管理的程度。前瞻性修正琼斯模型计算复杂,存在第一类错误,而且检验盈余管理的能力与修正琼斯模型相比没有明显的提高;收益匹配琼斯模型对于费用操纵的检验能力较差。综合各项检测结果发现,中国证券市场上,分年度分行业回归的截面修正琼斯模型在模型的设定和盈余管理的检验能力方面表现更佳。

IPO 市场中,内部人(企业家,管理者)与外部投资者之间存在高度的信息不对称,机会主义观和信号观的理论解释说明 IPO 公司盈余管理是国内外资本市场一个普遍存在的现象。但由于 IPO 企业的有限信息,投资者很难去区分异常应计的改变,是归于差企业管理者的操纵,还是归于好企业所发出的一种信号。本书利用"承销商声誉"划分好企业与差企业,分析企业类型、IPO 公司盈余管理水平与 IPO 后股票异常业绩之间的相关性。结果发现无论是高声誉的承销商所承销的好企业,还是低声誉的承销商所承销的差企业,其上市前一年盈余管理水平都显著为正,且与企业类型没有显著相关性,表明 IPO 公司盈余管理是一种普遍策略。但通过 IPO 后股票异常业绩与 IPO 公司盈余管理水平相关性的进一步检验,发现对于差企业,IPO 后异常股票业绩与 IPO 公司盈余管理水平之间有显著的负相关性;而对于好企业,这种显著的负相关性并不存在。总体的实证结果支持企业类型决定 IPO 公司盈余管理动因属性的理论分析。表明对于好企业,盈余管理是传递企业未来业绩的信号,而对于差企业,盈余管理是一个机会主义行为。这一发现为盈余管理的机会主义观与信号观的争议提供了一种可能的解释,也在一定程度上,证明了中国 IPO 市场承销商声誉机制的有效性。

不论是机会主义观还是信号观,都会导致利益再分配效应。盈余管理行为会引发契约关系人之间的财富的重新分配,并且过分的盈余管理容易演变成会计欺诈、会计造假和内幕交易等非法行为,因此必须有一定的机制来约束它。中国股票市场是一个新兴市场,与成熟股票市场不同,中国股票市场处于"行政市"向"市场市"转变完善的进程中,证券发行制度的变迁对于上市公司行为影响极其强烈,基于中国IPO公司管制诱发型盈余管理动因的考虑,本书根据中国证券发行制度演变,运用应计利润模型和实质盈余管理模型来计量 IPO 公司盈余管理水平,通过描述性统计和多元回归方法,分析证券发行制度市场化进程对于中国 IPO 公司盈余管理程度和方式的动态影响。研究发现随着证券发行制度由审批准转向核准制,通道制转向保荐制,IPO 公司盈余管理水平显著下降。在盈余管理方式的研究上,本书发现在中国 IPO 市场上,应计盈余管理和实质盈余管理是显著正相关,并没有发现 Cohen(2008)等西方研究文献所证明的随着监管制度的加强,应计管理和实质盈余管理方式相互替代,此消彼长的趋势。总体的实证结果表明核准制的实施,可以约束 IPO 公司机会主义盈余管理的行为,系统提高中国上市公司质量。

综上所述,本书的贡献在于通过对 IPO 盈余管理常用计量模型的检验能力的分析,发现分年度分行业回归的截面修正琼斯模型在模型的设定和盈余管理的检验能力方面表现更佳,为盈余管理研究的模型选择提供了一种依据。另外对 IPO 公司盈余管理动因的实证分析,为盈余管理的机会主义观与信号观的争论提供了一种可能的解释,也在一定程度上证明了中国 IPO 市场承销商声誉机制的有效性。同时从制度变迁的角度,研究 IPO 公司盈余管理行为,验证了证券发行制度的市场化的完善能有效约束 IPO 公司机会主义盈余管理,为证券发行制度进一步向注册制发展提供了证据。由于本人水平有限,书中难免存在疏漏之外,请大家不吝指正。

目　录

第 1 章
导　论

1.1　研究问题

　　盈余管理的研究兴起于 20 世纪 80 年代,是会计研究领域的一个重要课题。根据 Healy 和 Whlen(1999)定义,盈余管理是管理当局为了误导以公司经营业绩为基础的利益关系人的决策,或者影响以会计数字为基础的契约的后果,而运用职业判断和规划交易编制财务报告。股票首次公开发行(Initial Public Offering,下述简称 IPO)也称新股发行,通常指股份有限公司或有限责任公司首次向社会公众公开招股的行为。通过 IPO,公司股票由私人持有转向公众持有。盈余管理源起于委托代理双方的"契约磨擦"和"沟通阻碍"(Schipper,1989),契约磨擦是指企业与外部利益相关者存在利益冲突,沟通阻碍是指由于信息披露成本、会计规则、法律限制等因素,阻碍企业内部人和外部人信息交流和沟通。IPO 市场是一个特殊的市场,发行双方之间存在着突出的"契约磨擦"与"沟通阻碍"。发行人的目标是成功筹措资本并降低筹资成本,而投资者的目的是取得高的投资回报,二者目的不同导致利益冲突明显。同时投资双方存在严重的信息不对称,发行企业相对具有信息优势,而投资者只能依赖发行者的信息披露来进行投资决策。在理论上,虽然可以通过契约调整和重新安排来消除"契约磨擦","沟通阻碍"也可能通过有效监督和强化沟通来消除或减少,但是,高昂的监督成本不仅造成经济上得不偿失,而且技术与操作上也难以完全做到,因此导致 IPO 公司盈余管理是国内外资本市场一个普遍存在的现象(林舒,魏明海,2000)。盈余管理不是一个单纯的会计问题,盈余管理行为会引发契约关系人之间的财富的重新分配,过分的盈余管理容易演变成会计欺诈和内幕交易等非法行为,影响到资本配置效率,甚至导致证券市场失败,因此加强IPO公司盈余管理的理论和实证研究有助于促进IPO市场的健康持续发展。

盈余管理实证研究的一个关键环节是计量盈余管理水平。由于盈余管理方式的多样性,手法的隐匿性以及信息披露的不对称性,研究者难以直接观察到盈余管理行为数额,因此诸多学者提出了众多计量方法和模型,McNichols(2000)对1993年—1999年期间在国外八大会计顶级期刊发表的55篇有关盈余管理的实证文献进行了调查,发现使用总体应计利润法有25篇,使用具体应计利润法有10篇,使用盈余分布法有1篇,另外还有20篇使用其他方法,包括总体应计4篇,资产销售和资产注销4篇,会计改变5篇,非正常损益2篇,研发支出的改变1篇等。每种模型检测效力不同,如何选择合适的模型来衡量中国IPO公司盈余管理的水平和方式,是本书所要探讨的第一个问题。

关于盈余管理动因的属性,会计学界有两种不同的观点:信号观和机会主义观。信号观认为盈余管理目的是为了向外部信息使用者传递有用的内部信息。由于信息不对称的普遍存在,拥有相对信息优势的公司管理者可以利用现有会计准则弹性,通过选择更恰当的会计政策来提高会计数据的信息含量,作为一种向市场传递内部信息,使股价更好反映公司前景的机制,盈余管理可以缓解信息沟通障碍。机会主义观则认为,盈余管理目的是为了获取私人收益。会计政策的选择能够影响各利益相关者的财富变化,当管理层与外部利益相关者利益不一致时,为了最大化自身效用,管理当局可以利用会计准则所赋予的弹性,调整会计报告中的盈余,使其有利于自身。两个属性相比,信号观强调适度盈余管理是有益的,可以提高会计信息含量;而机会主义观则认为盈余管理会造成财富转移,违背了会计中立,公允的原则,应予以管制。在学术界,信号观得到了一定的理论和实证支持。Trueman 和 Titman(1988)的研究显示,盈余平滑可以降低债务融资成本,提高企业价值。Subramanyam(1996)发现操纵性应计是正相关于同期的股票价格和未来的盈余和现金流量,揭示管理人员选择应计去加强会计盈余的信息含量,支持了盈余管理的信号观;但是在实务界,尤其是随着安然、世通等众多欧美公司财务丑闻事件暴发,目前更多的人倾向于盈余管理机会主义观。前美国证券交易管理委员会(SEC)的主席 Levitt 将盈余管理形容为"数字游戏",并指出 SEC 将严惩那些有严重盈余管理行为的上市公司(Levitt,1998)。盈余管理究竟是有益的,还是有害的?还是一个有待回答的理论和实证问题。因此,探讨 IPO 公司盈余管理究竟是误导投资者还是向投资者传递有价值的信息?为盈余管理的机会主义观与信号观的争议提供新的证据,是本书所要探讨的第二个问题。

不论是机会主义观还是信号观,都会导致利益再分配效应。盈余管理行为会引发契约关系人之间的财富的重新分配,并且过分的盈余管理容易演变成会计欺诈、会计造假和内幕交易等非法行为,因此必须有一定的机制来约束它。西方IPO主要采用市场化发行,中介机构承担着"信息生产"和"认证中介"重要作用,因此许多的研究,如 Carter 和 Manaster(1990),Beatty(1989),Barry et al.(1990)的研究从理论和实证上证明承销商、审计师、风险资本家等中介机构对 IPO 公司盈余管理行为的约束。中国股票市场是一个新兴市场,与成熟股票市场不同,中国股票市场处于"行政市"向"市场市"转变完善的进程中。证券发行制度的变迁对于上市公司行为影响极其强烈,忽略制度变迁,仅研究承销商、审计师、风险资本家等中介机构对于 IPO 公司盈余管理的约束是有失偏颇的。因此检验证券发行制度的市场化演变能否加强市场力量对于IPO公司机会主义盈余管理水平的约束,是本书所要探讨的第三个问题。

1.2 研究意义

IPO公司盈余管理动因与治理的研究是一个重要课题,它的研究意义主要体现在以下几个方面:

1.2.1 为会计准则的制定者提供指引

契约理论将企业视为追求自身利润最大化的不同利益相关人之间以各式契约关系组成的集合体,会计是监督和管理契约的重要参数。基于契约不完备性和刚性的特征,有效契约观认为会计准则应给予公司管理当局一定的自由选择空间,使他们可以针对新的或未预期的环境做出适当调整,但同时也打开了机会主义行为的方便之门。对于准则制定者来说,需要决策的核心问题是给予企业在会计政策选择和会计估计方面更多还是更少的自由裁量权,从而最有利于提高财务报告的质量。为确定合适的准则弹性空间,需要研究者进行理论和实证研究,使准则制定者了解盈余管理的方式、普遍程度、发生频率以及盈余管理的衡量方法。本书对盈余管理计量模型的梳理与实证检验,以及对 IPO 公司盈余管理的动因和盈余管理方式的探讨,有助于准则制定者明了现有准则的优势以及仍需改进的不足。

1.2.2　为IPO盈余管理治理的政策设计提供思考的方向

在 IPO 市场,内部人(企业家,管理者)与外部投资者之间存在高度的信息不对称,内部人拥有外部投资者所不了解的有关企业未来盈余前景、投资机会,管理人员能力等私人信息。当管理层与外部利益关系人不一致时,管理层或控股股东可能利用自身的信息优势"修正"企业真实的盈利情况,向外部人传递不正确的信息,以牺牲其他利益相关者的利益来谋取自己的私利,由此产生盈余管理的机会主义观(Teoh et al.1998)。但并非所有的盈余管理都是机会主义的,管理层可以利用会计政策的选择,向外部使用者提供有关企业未来发展前景的私人信息。因为盈余管理是有真实经济成本,它可以有效地阻止低质量发行人的模仿。因此盈余管理也可以作为发行人质量分离均衡的一个有效的信号工具(Fan,2007),由此产生 IPO 盈余管理的信号观。现有的盈余管理研究已经广泛接受在一个非有效市场,盈余管理可以偏差市场对于企业价值判断的观点,但是盈余管理的信号功能通常被忽略。基于盈余管理机会主义观的考虑,证券监管部门通常认为 IPO 公司的盈余管理行为不利于证券资本市场长远发展,强调通过会计准则弹性空间的紧缩,公司内部治理结构的完善以及外部监管力量的强化来加强对它的约束。本书通过 IPO 公司盈余管理动因的理论和实证分析,探讨 IPO 公司盈余管理究竟是误导投资者还是向投资者传递有价值的信息,并为之寻找可能的解释,为监管部门进行 IPO 盈余管理治理的政策设计提供思考的方向。

1.2.3　为IPO市场发行制度的完善提供依据

虽说IPO公司盈余管理的根源于发行双方的利益冲突和信息不对称,但在中国 IPO 市场,其直接的诱因是 IPO 的发行机制问题。1999 年 7 月 1 日颁布的《证券法》规定,我国股票实行核准制,在此以前都实行审批制。审批制实行的是额度管理与两级审批制度,在发行价格上采用管制市盈率定价方法,由监管部门限制发行市盈率上限的方法指导发行定价。发行额度的限制和定价发行方式会直接诱导 IPO 公司机会主义操纵盈余,提高发行价格,取得尽可能多的资金。2001 年 4 月正式实行的核准制强化上市公司信息披露,减少发行双方的信息不对称;引入询价制,割断新股发行价格与账上每股盈余之间的固化联系;明晰参与各方的责任,上市公司承担信息披露责任,承销商承担尽责调查责任,注册会计师则要承担审计责任,目的是希望限制机会主义盈余管理行为,提高盈余的信息含量。但发行制度的转变能否约束 IPO 公司机会主义盈余管理行为,需要实证检验。本书基于证券发行制度变迁的角度检验IPO公司盈余管理动态变化,有助于检验发行制度改变的政策效应,明确盈余管理产生的政策根源,为IPO发行制度的完善提供依据。

1.3 研究方法与内容

1.3.1 研究方法

在文献综述的基础上,本书运用统计模拟的方法,首先比较各盈余管理应计利润计量模型的检验效果;然后运用理论分析和实证方法,验证IPO公司盈余管理的动因;最后探讨证券监管制度的变迁对IPO公司盈余管理水平和方式的动态影响。本书主要采用的研究方法包括:

1.3.1.1 文献分析法

文献分析法主要通过已有文献的搜集,整理,分析与研究,探讨事实内在规律性,并形成对事实科学全面认识的方法。本书在第2章文献综述以及第3章盈余管理计量模型的评述中,为全面了解已有的研究重点与进一步的发展方向,采用了这种方法。

1.3.1.2 统计模拟法

统计模拟法是一种以概率统计理论为指导,通过随机抽样,以随机事件出现的频率估计其概率来解决问题的方法。本书在第4章盈余管理计量模型检验效力的分析中运用这种方法,检验各模型产生第一类错误和第二类错误的频率,来分析各模型的检验效力。

1.3.1.3 实证分析法

实证研究法是会计理论研究的一般方法。按照一般的范式,本书在第5章盈余管理动因以及第6章IPO公司盈余管理治理的实证分析上,以相关理论为指导,提出研究假设,根据研究题目划分因变量、自变量和控制变量,构建实证模型,运用IPO公司数据进行回归分析,验证在理论分析中提出的研究假设。

1.3.2 研究内容

本书基于制度视角,运用理论分析和实证分析相结合的方法,探讨中国公司IPO过程中的盈余管理动因及其治理。本书的研究遵循了从理论到实证的研究

思路。本书的逻辑框架如图 1-1 所示。全书共分 6 章,其主要研究内容如下:

第 1 章为导论。本章主要是对论文的研究内容进行一个简要的介绍,具体包括问题的提出、研究的意义、研究方法与内容以及研究创新之处。

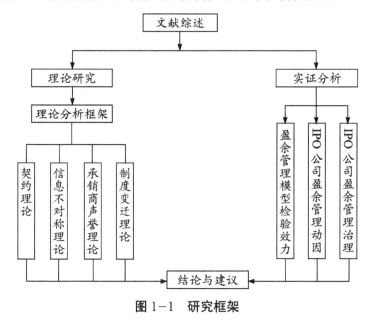

图 1-1　研究框架

第 2 章为文献综述。本章对国内外 IPO 公司盈余管理研究的相关文献进行综述,总结 IPO 公司盈余管理研究的发展脉络和主要成果,厘清研究中的难点和争议性问题,从而提出本书的研究重点和主要研究内容。

第 3 章为 IPO 公司盈余管理的计量模型的选择。本章对文献中常用的盈余管理计量方法和模型进行综合梳理,并运用统计模拟的方法,测试各模型产生第一类错误和第二类错误的频率,比较基本琼斯模型、修正琼斯模型等七种常用的截面操纵性应计利润模型在中国资本市场的检验效果,力图通过现有的文献的综合和实证研究的结果,寻找合适 IPO 公司盈余管理的计量模型。

第 4 章为 IPO 公司盈余管理动因的实证研究。本章利用"承销商声誉"划分好企业与差企业,分析企业类型与 IPO 公司盈余管理水平之间的相关性,以及企业类型对 IPO 后异常股票业绩与 IPO 公司盈余管理水平之间相关性的影响。实证结果支持企业类型决定 IPO 公司盈余管理动因属性的理论解释。为盈余管理的机会主义观与信号观的争议提供了一种可能的解释,也在一定程度上,证明了中国 IPO 市场承销商声誉机制的有效性。

第 5 章为 IPO 公司盈余管理治理的实证研究。本章根据中国证券发行制度演变,通过描述性统计和多元回归方法,分析证券发行制度市场化进程对于中国IPO公司盈余管理程度和方式的动态影响。从制度变迁的角度,研究IPO公司盈余管理行为,证明证券发行制度是研究中国IPO公司盈余管理问题的一个重要约束变量,证券发行制度的市场化进程的完善能有效约束IPO公司机会主义盈余管理,提高上市公司质量。

第6章为结论、研究局限与展望。本章是对全文内容与观点的总结,根据研究结论提出若干政策建议,并对本书的主要不足进行说明,对未来的研究提出展望。

1.4　研究贡献

与已有研究相比,本书在以下几个方面有所创新:

1.4.1　对现有的盈余管理计量模型的检验效力进行了实证分析

西方研究学者提出了众多的总体应计利润模型,不同模型的检验效果存在差异,中西方研究学者对各模型的盈余管理检测能力进行了许多实证检验,总体来看,检验模型各异,方法各异,导致研究结论也不尽相同,哪一种模型更适合中国资本市场还是一个悬而未决的问题。本书在第三章运用统计模拟的方法,通过测试各模型产生第一类错误和第二类错误的频率,对各种常用的截面操纵性应计利润模型在中国资本市场的检验效果进行检验。

本书研究发现,在中国资本市场上,基本琼斯模型、修正琼斯模型和无形资产琼斯模型相对较优,它们所犯第一类错误和第二类错误的频率较小,但在收入操纵检测上,修正琼斯模型检验能力更突出;现金流量琼斯模型、非线性琼斯模型虽然检验盈余管理的能力较强,但是存在较为严重的第一类错误,易夸大中国上市公司盈余管理的程度。前瞻性修正琼斯模型计算复杂,存在第一类错误,而且检验盈余管理的能力上比修正琼斯模型没有明显的提高;收益匹配琼斯模型对于费用操纵的检验能力较差。综合各项检测结果发现中国证券市场上,分年度分行业回归的截面修正琼斯模型在模型的设定和盈余管理的检验能力方面表现更佳。

1.4.2　对IPO公司盈余管理动因的属性进行实证检验

IPO市场是一个特殊的市场,发行双方之间存在着突出的"契约磨擦"与"沟通阻碍"。在理论上,"契约摩擦"虽可以通过激励机制的实施和契约的重新安排来消除,"沟通阻碍"也可以通过有效监督和完善信息披露来减少,但是,如此实施的成本过高,而且技术与操作上也难以完全做到,导致 IPO 公司盈余管理是一个国内外资本市场普遍存在的现象。文献回顾表明,目前有关 IPO 公司盈余管理行为的普遍存在已得到共识,但是对其动因属性的解释,却存在机会主义观与信号观之争议。

本书利用"承销商声誉"划分好企业与差企业,分析企业类型与 IPO 公司盈余管理水平、IPO 后股票异常业绩之间的相关性。结果发现无论是高声誉的承销商所承销的好企业,还是低声誉的承销商所承销的差企业,其上市前一年盈余管理水平都显著为正,且与企业类型没有显著相关性,表明 IPO 公司盈余管理是一种普遍策略。但通过 IPO 后股票异常业绩与 IPO 公司盈余管理水平相关性的进一步检验,发现对于差企业,IPO 后异常股票业绩与 IPO 公司盈余管理水平之间有显著的负相关性,而对于好企业,这种显著的负相关性并不存在。我们的实证结果支持企业类型决定 IPO 公司盈余管理动因属性的理论分析。表明对于好企业,盈余管理是传递企业未来业绩的信号,而对于差企业,盈余管理是一个机会主义行为。这一发现为盈余管理的机会主义观与信号观的争议提供了一种可能的解释,也在一定程度上,证明了中国 IPO 市场承销商声誉机制的有效性。

1.4.3 从制度变迁的角度检验 IPO 公司盈余管理的治理效果

不论是机会主义观还是信号观,都会导致利益再分配效应。盈余管理行为会引发契约关系人之间的财富的重新分配,并且过分的盈余管理容易演变成会计欺诈、会计造假和内幕交易等非法行为,因此必须有一定的机制来约束它。西方 IPO 主要采用市场化发行,中介机构承担着"信息生产"和"认证中介"重要作用,因此许多的研究,如 Carter 和 Manaster(1990)、Beatty(1989)、Barry et al.(1990)的研究从理论和实证上证明承销商、审计师、风险资本家等中介机构对 IPO 公司盈余管理行为的约束。中国资本市场是一个新兴市场,与传统的成熟资本市场不同,中国资本市场处于"行政市"向"市场市"转变完善的进程中,中国 IPO 公司盈余管理的直接诱因是 IPO 的发行机制问题。忽略制度偏差以及制度变迁,单纯研究承销商、审计师、风险资本家等中介机构对于 IPO 公司盈余管理的约束是有失偏颇的。基于中国 IPO 公司管制诱发型盈余管理动因的考虑,本书从制度变迁的角度分析 IPO 公司盈余管理的治理效果。

本书根据中国证券发行制度演变,将研究期间划分为三个时间段,审批制

（2001年3月之前），通道制（2001年4月—2004年12月），保荐制（2005年1月之后），运用应计利润模型和实质盈余管理模型来计量IPO公司盈余管理水平，通过描述性统计和多元回归方法，分析证券发行制度市场化进程对于中国IPO公司盈余管理程度和方式的动态影响。

在描述性统计中，通过审批制、通道制和保荐制下IPO公司盈余管理程度的趋势比较，发现随着证券发行制度由审批准转向核准制，尤其是核准制下保荐制的实施，IPO公司的应计利润盈余管理和实质盈余管理呈下降趋势。在引入承销商声誉、审计师质量以及国有控股股东等治理变量以及企业规模、业绩、盈余增长和财务杠杆等控制变量的多元回归分析中，发现随着保荐制的实施，IPO公司盈余管理水平显著下降。在盈余管理方式的研究上，本书发现在中国IPO市场上，应计盈余管理和实质盈余管理是显著正相关，并没有发现，Cohen et al.(2008)等西方研究文献所证明的随着监管制度的加强，应计管理和实质盈余管理方式相互替代，此消彼长的趋势。总体的实证结果表明核准制的实施，可以约束IPO公司机会主义盈余管理的行为，系统提高中国上市公司质量。

中国资本市场是一个新兴的不完善的市场，它正处于行政化向市场化转移的过渡阶段。本书从制度变迁的角度，研究IPO公司盈余管理行为，证明证券发行制度是研究中国IPO公司盈余管理问题的一个重要约束变量。证券发行制度的市场化的完善能有效约束IPO公司机会主义盈余管理，提高上市公司质量，为证券发行制度进一步向注册制发展提供证据。

第2章
IPO 公司盈余管理文献综述

从 20 世纪 60 年代开始,首次公开发行(IPO)研究和盈余管理研究逐渐成为西方财务与会计实证研究的两个主流问题。这两个领域的研究虽然都采用委托代理和非对称信息框架,但两个领域的研究长期相对独立。前者主要研究企业新股发行的长短期市场业绩、IPO 定价机制等问题,而后者则偏重于探讨盈余管理的存在动因及其经济后果。虽然这两个领域的理论与实证研究不胜枚举,但是将两者结合起来,关注 IPO 公司盈余管理问题的实证研究数量较少。对于 IPO 公司是否存在盈余管理行为,其盈余管理的目的何为,以及如何治理盈余管理等问题依然众说纷纭。

本章拟分四个部分进行文献梳理,第一和第二部分简述当前 IPO 研究和盈余管理研究现状,从这两大主题的研究内容分析中,去寻找 IPO 公司盈余管理研究的起因和方向;第三部分按研究具体内容的不同,从动机和治理两个方面综述现有中西方 IPO 公司盈余管理研究的实证文献,据此总结 IPO 公司盈余管理研究的发展脉络和主要成果;第四部分是对 IPO 公司盈余管理研究现状的评述,通过剖析 IPO 公司盈余管理研究的不足,寻找本书 IPO 公司盈余管理研究的重点与难点。

2.1 IPO 研究综述

股票首次公开发行,也称新股发行,通常指股份有限公司或有限责任公司首次向社会公众公开招股的行为。通过 IPO,公司股票由私人持有转向公众持有。成功的 IPO 对于公司而言,不仅可以帮助企业筹措资金,扩大生产经营规模,投资盈利性项目,而且有助于公司改善资本结构和治理结构。

有关 IPO 的学术研究很丰富,从文献发展来看,IPO 的文献研究大致可以分成两个阶段。IPO 早期的研究集中于 IPO 市场的三大"异象"的实证与理论研究。从 20 世纪九十年代中晚期开始,学术研究开始将研究重点更多转向对 IPO 发行机制探讨,研究 IPO 上市决策、定价方式、股票分配以及承销商托市等具体问题。由于 IPO 公司盈余管理研究兴起的源自于 Jain 和 Kini(1994)对 IPO 长期弱势的"异象"研究,因此下文重点回顾 IPO 三大"异象"相关实证文献。

2.1.1　IPO 折价现象研究

IPO 折价是指股票首次公开发行后第一个交易日的收盘价格远高于发行价格,上市首日即能获得显著的超额回报的情况。这一现象在世界各国股票市场都普遍存在,抑价幅度不等,新兴的股票市场尤其突出。IPO 抑价现象最早可追溯 Stoll 和 Curley(1970)的研究,他们发现在发行价格与首日交易价格之间有显著的原始回报,并且这些回报随时间在增长。随后 Ibboston(1975)用 20 世纪 60 年代的美国证券市场资料进行实证分析,发现 IPO 的平均初始收益率分布为正。折价不局限于美国,随着美国的发现,相似的研究也在其他有公开权益市场的国家进行,相关的研究表明在美国以外的国家,IPO 折价趋向于更大,例如 Aggarwal 和 Leal(1993)发现巴西 1979—1990 年 IPO 的平均折价是 78.5%,Datar 和 Mao(2006)发现中国 1990—1996 年 IPO 的平均折价率是 256.9%。

新股抑价程度之高,很难用资产定价风险溢价解释,同时作为一种长期存在的现象,它也与有效资本市场假说产生矛盾,西方学者对 IPO 抑价解释研究投入大量的精力。早期的研究主要是基于信息不对称理论,提出了信号传递模型(Welch,1989),赢者诅咒模型(Rock,1986),以及信息揭示理论(Benveniste & Spindt,1989)等来解释 IPO 抑价现象。由于信息不对称理论不能完全解释 IPO 折价现象,后期研究转向于其他理论。有些研究是基于承销商和发行者之间的委托—代理关系,包括投资银行信息垄断假说(Baron,1982)、承销人和发行人的利益冲突假说(Loughran & Ritter,2002)。随着行为金融的兴起,以及市场有效性假设受到广泛置疑,学者们开始转向投资者行为理论研究抑价现象,认为抑价不是由于一级市场价格的低估,而是由于投资者过于乐观的情绪,导致二级市场价格高估,从而形成"抑价"(Loughran & Ritter,1996)。

与国外 IPO 抑价研究不同,我国学者对于 IPO 抑价的解释,更多是从中国股市特殊的制度环境出发。王春峰和姚锦(2002)认为我国 IPO 抑价的根源在于制度因素,主要是由于二级市场的过度投机,一级市场的供求矛盾,普通投资者"跟风式"投资理念所导致的,是二级市场不规范和非理性导致的一级市场存在过度回报。汪宜霞(2000)研究指出,IPO首日超额收益不仅来自于一级市场抑价,同时还包含二级市场溢价,是由发行市场的金融管制,信息不对称和股权分置带来的一级市场发行价格低估,以及二级市场的严格的卖空限制和非理性的噪音交易者造成的二级市场的价格高估所共同形成的。

总体上,上述各种IPO抑价理论各自为阵,单独的解释能力都不完全,同时缺乏必要的协同。针对这个现状,Ritter 和 Welch(2002)指出:①非对称信息模型作用被高估,它不可能是 IPO 抑价的主要原因;②模型讨论应放在不同模型的相对重要性的比较;③未来的 IPO 抑价解释应该集中在代理问题和行为金融分析。

2.1.2 IPO 长期弱势现象研究

IPO长期弱势现象是指新股发行一段时间后其收益的长期走势弱于市场平均收益。与IPO抑价现象的实证证据确凿,理论解释存有异议的研究现状不同,IPO 长期弱势的实证证据和理论解释都难以达成一致。其原因在于:异常收益,尤其是长期异常收益率的计量,敏感于计量方法、参考标准和样本的选择。另一方面,长期异常收益的存在,对有效市场假说形成攻击,激发不同学派之间的争论。

最早观察到IPO长期弱势现象的是 Aggarwal 和 Rivoli(1990),他们发现 IPO 在上市后一年内的收益低于市场指数,异常回报是−13.73%。此后,Ritter(1991)以及 Loughran 和 Ritter(1995)的研究正式确认了所谓的 IPO 长期弱势现象,他们的研究发现,IPO 公司上市后 3−5 年的市场调整收益率为负。国外学者对于 IPO 长期弱势的主流解释是,市场并非有效,IPO 上市之初价格被高估,长期来看,当泡沫破裂后,投资者会向下修正对新股价格估值,因此这些新股的长期走势反而低于整体市场。

但对于为什么IPO上市之初价格被高估,各学者的理论解释不同。Aggarwal 和Rivoli(1990)和Ritter(1991)将其归结为投资者对于新股"狂热"或"过度乐观",Miller(1977)则将其归咎于投资者对企业价值异质预期和IPO 卖空新股的限制,Loughran, Ritter 和 Rydqvist(1995)用"机会之窗"理论来解读,而 Teoh, Welch 和 Wong(1998)解释为源于公司上市之初的过度包装行为。

由于IPO长期弱势现象的存在直接威胁到有效市场假设,其反对者提出,新股异常长期收益的结果,是由于风险的错误衡量或者长期异常收益的计量模型选择不当所致。Kothari 和 Warner(1997)使用模拟方法证明多种传统的衡量长期异常收益的模型,包括累积超额收益率法,买入持有收益率法,Fama-French 三因素模型法等,有严重的设定错误和样本磨损问题,指出对于长期绩效报酬的检测方法必须非常小心。

我国学者对于 IPO 长期弱势的研究结论也不统一,陈工孟和高宁(2000)以我国股票市场成立初至 1995 年 8 月发行的 AB 股公司为样本,发现 A 股 IPO 样本三年期的持有收益率为−11.63%,而 B 股样本的三年期持有收益为−51.44%。但是刘力和李文德(2001)选取 1991—1996 年上市的 398 只新股作为研究样本,发现其三年期的累积超额收益率为 31.8%,新股长期弱势现象在我国不存在。

综上所述,IPO 长期弱势现象的提出,是行为金融理论对于有效市场假说的直接挑战,虽然长期弱势现象得到一定的理论和实证支持,但也要注意到,IPO 长期绩效的研究会随研究样本,参照基准以及研究方法的选择而得出不同的结论。Fama(1998)针对长期异常报酬的研究提出评论,认为这些异常现象可以由不同的研究方法或模式而去除,因此有效市场假说仍然是成立的,并未被非理性行为假说所推翻。

2.1.3　IPO 热销市场研究

热销市场是指新股发行数量时间分布不均衡,时冷时热,热市的时候,大量新股上市,存在显著"扎堆"的周期性的过程。最早研究这种现象的是 Ibboston 和 Jaffe(1975)。Ritter(1984)研究进一步发现,所谓的"热销"市场伴随着高发行量、高首日折价率,以及前后上市 IPO 公司首日回报率的正相关性,以及首日回报水平与同期 IPO 发行量的正相关特征。

对于抑价和发行量周期性变化的理论解释也很多。有些研究是从投资者非理性情绪等行为金融的角度探讨,例如"机会窗口"理论认为,热销现象的出现是由于投资者狂热和乐观造成股价走高,公司利用这一机会窗口充分发行股票,从而造成高发行量、高折价率及超额认购股票现象,Beaker 和 Wurgler(2000)的研究实证了这一理论。近年来市场择时理论成为解释 IPO 扎推现象的一个重要理论。该理论认为,公司会选择对发行公司比较有利的时机发行股票,而公司确实可以对此做出判断。Lucas 和 McDonald(1990),Ritter 和 Welch(2002),Benninga、Helmantel 和 Sarig(2005)的研究均支持了这一理论。

我国学者对于 IPO 热销的理论研究相对来说还不太多,主要是集中于 IPO 热销现象在我国股票市场上是否存在的实证检验上。韩德宗和陈静(2001)的研究发现 1997 年上半年是发行数和指数涨幅最大的一年,表明我国股市"hot issue"现象的存在。谢赤和张祺(2004)检验新股发行首日回报和发行量的关系,发现我国 IPO 市场存在热冷循环交替的现象。但有些研究得出不同的结论,如应益荣和刘士杰(2004)研究认为我国 IPO 市场热销现象不明显。总体而言,有关 IPO 热销市场的研究实际上是与 IPO 抑价研究紧密联系在一起的, 对于它的理论解释也与 IPO 抑价一样,众说纷纭,莫衷一是。

2.1.4　IPO 其他方面的研究

IPO 的研究范围很广,除了对于三大热点问题的探讨外,还有一些研究关注于 IPO 的定价,配售与交易。在 IPO 定价研究中,Kim 和 Ritter(1999)发现,利用配比公司的价值乘数法仅仅具有有限的 IPO 价格解释能力。有关 IPO 配售研究发现,在累计投标机制下,机构投资者得到了优先配售,Hanleya 和 Wilhelm(1995)证明在热门 IPO 中,机构投资者得到了照顾。

综合以上的文献,我们发现现有 IPO 研究存在研究范围广泛,理论解释众多,实证结论存在争议的特征,尤其 IPO 抑价和长期弱势的研究处于相对割裂的状态。从逻辑上讲,IPO 的发行价格低于上市价格,可以有两种解读:其一是在有效市场框架下,出于各种原因,发行价格被人为低估,但上市价格是合理估价,从而造成 IPO 首日溢价。不过此情况下,长期弱势现象不应该存在;第二种可能则是上市价格高估了,后市随着信息的揭示,价格向内在价值收敛,从而表现出 IPO 抑价,以及 IPO 长期弱势全过程。从此种意义上说,IPO 抑价和 IPO 长期弱势是一个过程的两个阶段,研究的重心应该去寻找导致 IPO 上市价格高估的因素。从理论上分析,IPO 企业可以通过盈余管理夸大公司发行股票前的利润,不知情的投资者会因此乐观企业的未来前景,从而导致上市价格被高估,由此兴起从 IPO 公司盈余管理的角度解释 IPO 抑价和长期弱势现象。

2.2　盈余管理研究综述

盈余管理的研究兴起于20世纪80年代,国内外学者围绕着盈余管理的动机、盈余管理的经济后果、以及盈余管理的公司治理机制进行过大量的研究。由于这一领域的研究文献不胜枚举,下文主要针对与 IPO 公司盈余管理研究比较密切的几个问题进行论述。

2.2.1　盈余管理的概念、工具与目的研究

2.2.1.1　盈余管理概念研究

盈余管理的界定是一个从狭义到广义发展的过程。在盈余管理研究早期，Schipper(1989)认为，盈余管理是企业管理层通过有目的地控制对外财务报告过程，以获取私人利益的"披露管理"。Schipper 的盈余管理概念提出十年以后，Healy 和 Wahlen(1999)在有关盈余管理的研究综述里面提出另外一个概念：盈余管理是指管理者运用判断来编制财务报告，或通过安排交易来改变财务报告中的数据，旨在误导以财务报告数字为基础的利益相关者的决策，或影响契约的经济后果。两个概念在盈余管理工具和目的的界定有所差异。Schipper 强调盈余管理的手段是披露管理，将盈余管理囿于会计范围内，通过会计政策、会计估计以及会计时点选择等手段进行，并强调盈余管理目的是获取私人利益，是对盈余管理的一种狭义的理解；Healy 则认为盈余管理不应局限于会计范围内的应计管理，还包括规划交易等实质性的盈余管理活动，从而将削减广告费用，减少研发支出以及过量生产等实质盈余管理方式纳入研究范围。同时 Healy 指出盈余管理目的是误导利益相关者决策和影响契约结果，从而达到效用最大化或企业价值最大化的目的，而不是单纯的"私人利益"。此定义丰富了盈余管理的内涵，是对盈余管理的广义界定，也表明盈余管理研究范围的丰富。本书对盈余管理的研究依据的是 Healy 的定义。

2.2.1.2　盈余管理工具研究

盈余管理的工具有两类：一类是应计管理，即在 GAAP(Generally Accepted Accounting Principles)范围内，通过会计方法、会计估计和会计时点的选择来管理盈余；另一类是实质性盈余管理，即通过次优商业决策，如通过削减研发支出，过量生产，以及给予较大的商业折扣，达到盈余管理目的。这两类工具相比，最大的差异的是对企业现金流量的影响不同。前者不改变企业现金流量，只是影响企业应计利润，因此实施成本相对较小，但由于应计利润的反转特征，以及会计规范弹性所限，应计管理效果是有限的；后者直接影响企业经营现金流量，实施效果明显，而且隐蔽性强，但由于次优决策会损害企业价值，实施成本高。实证研究表明，这两类工具之间可以相互替代，同时随着监控的加强，呈此消彼长趋势。由 Graham 和 Harvey(2001)对 401 个财务经理所作的问卷与面谈调查发现，财务经理更愿意通过真实决策活动而不是应计操纵来管理盈余。Cohen et al.(2008)通过对萨班斯法案通过前后企业盈余管理行为的调查，实证证明在 2002 年萨班斯法

案通过之后，由于监管的加强，企业从应计管理转向实质盈余管理。

2.2.1.3 盈余管理目的研究

关于盈余管理的目的，会计学界有两种不同的观点：机会主义观和信号观。

契约理论认为，企业是追求自身利益最大化的不同利益相关者以各种契约组成的集合休，最小化与这些契约有关的契约成本是企业管理层追求的目标。考虑到契约具有不完全性和刚性的特征，有效契约观认为应该赋予会计政策的一定弹性，以针对新的或未预期的环境做出适当调整，但会计选择的弹性也给机会主义行为打开了方便之门。当管理层与外部利益相关者存在利益冲突时，管理者可能滥用会计制度的弹性，以损害其他契约方利益为代价增加自身利益，从而形成机会主义盈余管理观。

由于显示原理的存在，仅从契约观的角度不能解释盈余管理的持续存在性。信息不对称理论认为，之所以无法消除盈余管理，是存在信息"沟通障碍"，企业管理者相对于其他契约相关者，拥有更充分及时有价值的信息。信号观认为，盈余管理并非都是机会主义的，拥有相对信息优势的公司管理者可以利用现有会计准则弹性，通过选择更恰当的会计政策向外部使用者传递私人信息，作为一种向市场传递内部信息的机制，有助于将业绩好同业绩差的公司区分开来，缓解信息"沟通阻碍"，从而使社会资源得到更好的配置。

两个目的相比，信号观强调适度盈余管理是有益的，可以提高会计信息含量；而机会主义观则认为盈余管理会造成财富转移，违背了会计中立，公允的原则，应予以管制。在盈余管理研究中，信号观得到了一定的理论和实证支持。Subramanyam（1996）发现操纵性应计是正相关于同期的股票价格和未来的盈余和现金流量，从而得出管理人员选择应计去加强会计盈余的信息含量，市场对操纵控应计项目发生积极反应的研究结论。Louis 和 Robinson（2005）通过股票分割背景下的盈余管理的分析，发现异常应计具有信号功能；但是随着安然，世通等众多欧美公司财务丑闻事件暴发，当前的盈余管理研究基本上是倾向于机会主义观。前美国证券交易管理委员会（SEC）的主席 Levitt 将盈余管理形容为"数字游戏"，并指出 SEC 将严惩那些有严重盈余管理行为的上市公司（Levitt, 1998）。

上述有关盈余管理的概念、工具和目的的综述，给我们的研究启示是，一方面，盈余管理研究不能局限于传统的利用会计政策和会计估计选择的应计管理，需要将规划交易的的实质盈余管理行为纳入研究视野；另一方面，盈余管理的目的是多样。在研究时，我们应该从信号观与机会主义观多个角度来综合看待盈余管理行为。

2.2.2 盈余管理的动机研究

盈余管理动机研究实际上是探讨盈余管理行为长期存在的具体原因。对于此问题探讨的研究文献极其丰富,盈余管理动机的实证检验文献按照研究的公司事件不同,包括以下三个方面:

2.2.2.1 基于资本市场动机的盈余管理研究

大量的资本市场研究实证文献证明,盈余是有信息含量的,投资者进行投资决策会运用企业具体的盈余信息,市场也通过显著的价格运动和交易量的变化来反映未预期盈余的影响,因此管理当局试图通过盈余操纵来影响公司股票价格。此动机下的实证研究包括股票发行(Teoh et al.,1998),管理层收购(DeAngelo,1988),企业并购(Erickson & Wang,1999),以及迎合分析师财务预期(Burgstahler & Eames,2003)等,实证结果大多证明了企业管理当局企图利用盈余管理去影响公司股票价格。

我国由于制度原因和转型经济的特殊性,上市公司存在一些特殊的基于资本市场的盈余管理动机。已经被证明的动机包括:IPO 动机(Aharony,Lee & Wong,1997);配股动机(陆宇建,2002);防止亏损和保牌动机(张昕,杨再惠,2007);控股股东"隧道效应"动机(张祥建,郭岚,2007);定向增发新股动机(章卫东,2011)等。

2.2.2.2 基于契约动机的盈余管理研究

在委托代理框架下,企业与利益相关人存在各种契约,如报酬契约、债务契约、股利契约等。契约的制定通常以财务报告中的盈余数字为参数,并且利用财务报告来监督和评估契约履行情况,因此为管理者提供了操纵会计数据来谋取私人利益的动机。同时,契约本身是不完备的,固定的,僵化的,与现实需求会产生矛盾或磨擦,企业管理当局也会通过会计选择和处理上的灵活性,以应对环境的变化,降低契约成本。关于此动机下的实证研究成果主要集中于薪酬契约(Healy,1985)、债务契约(Defond & Jiambalvo,1994)、股利契约(Kasanean et al.,1996)等,实证结果证明了契约动机的存在。

在契约动机方面,我国学者研究重点是股权激励契约(苏冬蔚,林大庞,2010)、债务契约(张玲,刘启亮,2009),实证结果证明契约是引致上市公司盈余管理的一个重要原因。

2.2.2.3 基于政治成本动机的盈余管理研究

政治环境是影响企业生存和发展的重要因素。政治成本是指某些特殊的行业,如公用事业部门,面临着严格的政府管制,一旦盈余突破界限就会受限,增加运营成本。因此对于受到严格管制的企业,企业管理当局会实施会计选择使公司表现出较低的盈利能力,以减少政府监管。而对于一些寻求政府保护和扶持公司,则通过盈余管理降低盈余达到目的。关于此动机下的实证研究成果主要集中于反垄断调查(Key,1997),避税动机(Boynton et al.,1992)中的盈余管理行为,实证结果均支持存在政治成本动机的盈余管理。

通过上述盈余管理动机文献回顾,可以看出目前国内对于盈余管理动机的实证研究还是较多地限于资本市场动机的盈余管理研究,而在契约动机、政治成本动机方面涉足不多。究其原因,主要是由于我国制度环境与西方成熟市场存在差异,一方面,我国作为新兴的资本市场的迅猛发展,为盈余管理的研究提供了大量丰富的实例和数据,促进了我国资本市场动机的盈余管理的实证研究。另一方面契约制度不完善,法律监管不健全,限制了我国在契约动机和政治成本动机的盈余管理的研究。

2.2.3 盈余管理的治理研究

对于盈余管理是误导投资者还是向投资者提供有价值的信息的争议虽然还没有一个定论。但是由于安然、世通公司的会计丑闻的揭露,目前越来越多的学术实务界的人士将盈余管理等同盈余操纵,由于市场没有完全"看穿"盈余管理行为,因此很多学者开始研究是否可以通过公司治理机制控制企业的机会主义盈余管理行为。

根据公司治理理论,公司治理特征化为一系列保护投资者免于机会主义行为的机制。完善的公司治理应由内部治理与外部治理组成,二者相互制衡、有机统一。公司内部治理是指通过法人治理实施的治理活动,内部治理的作用主要通过公司内部所有者、董事会、监事会及管理层之间的契约来实现;公司外部治理一般指证券市场、经理人市场、银行及机构投资者等外部力量对企业管理行为的监督。

2.2.3.1 内部治理结构研究

传统的公司治理理论认为,公司内部治理结构包括股权结构、董事会特征、管理层激励等方面。因此国内外研究均以这些因素为出发点展开。

(1)股权结构

股权高度分散的公司中,公司代理问题的主要矛盾是外部投资者与管理层之间的利益冲突,管理者拥有较大控制权,并导致了更多的盈余管理。Dechow et al.(1996)的研究表明,存在盈余操纵的公司,其董事会可能被管理者所控制。Donnelly

和 Lynch(2002)则发现,高度分散的公司外部股权可能引致更多的盈余管理。除了研究管理人内部控制的影响以外,La Porta et al.(2000)研究发现,部分公司呈现出大股东控制特征。借助盈余管理方式,大股东实现其控制和掠夺中小股东财富的目的,大股东和中小股东之间的代理问题成为盈余管理研究的新焦点。Johnson et al.(2000)的研究证明大股东通过"隧道行为",如关联交易等,来掠夺公司资源以增加自身财富。Fan(2002)研究发现控制权与现金流权的分离造成控制股东与外部投资者之间的代理冲突,削弱了企业报告盈余的信息含量。

国内上市公司大多是原国有企业改制而来,国有股权(大股东)处于超强控制状态,因此很多的研究检验了大股东的代理问题对盈余管理的影响,但研究结论与西方并不完全一致。杜兴强和温日光(2007)的研究发现,股权集中度越高,企业盈余管理程度越小,从而会计信息质量也越高,这一发现与 La Porta et al.(2000)的研究结论相反。蔡吉甫(2007)的研究则表明大股东持股与盈余管理水平呈倒 U 关系。余明桂、夏新平和邹振松(2007)的研究也证明,我国上市公司控股股东与小股东之间存在严重的代理问题,存在控股股东的公司的盈余管理水平要显著高于不存在控股股东的公司。

(2)董事会特征

对于公司治理结构与盈余管理的关系,国内外研究另一个角度是董事会特征。董事会特征包括董事会规模、董事会独立性、董事长和总经理两职设置、董事会行为、委员会设立等方面。

Dechow,Sloan 和 Sweeney(1996)发现违反 GAAP 企业,更加可能是内部董事居多,CEO 与董事会主席兼任,以及 CEO 同时是企业成立者的企业。Beasley(1996)则发现,外部董事的存在,有助于减少公司财务舞弊现象。Klein(2002)研究了审计委员会独立性和盈余管理之间相关性,她发现审计委员会越独立,盈余管理的大小越低,表明独立的审计委员会阻止了盈余管理。Xie et al.(2003)研究了董事会、审计委员会与盈余管理之间的关系,发现,如果董事会与审计委员会中具有公司和财务背景的成员越多,公司盈余管理越少;两会开会频率越高,公司盈余管理也会越少。但是在董事会规模与盈余管理关系方面,还存在一些争论。Jensen(1993)认为,规模较大的董事会,董事之间沟通与合作被削弱,其监督作用会差一些,而 Xie et al.(2003)的研究却发现,公司董事会规模与盈余管理呈负相关。

国内研究主要集中于董事会特征与企业绩效方面,对董事会特征与盈余管理的研究相对较少,研究结论也不完全一致。江维琳等(2011)以民营企业为研究对象,发现在对公司盈余管理水平的影响,董事会规模有不显著负相关性,董事会开会频率有显著正相关,董事会独立性和领导结构有不显著正相关性,而异地独立董事以及独立董事的出勤率有显著负向性。胡奕明和唐松莲(2008)则调查了独立董事对盈余信息质量的影响,发现独立董事具有财务或会计背景的公司,独立董事占比较高的公司,盈余信息质量越好,而独立董事参会次数越多,公司盈余信息质量较低。杨清香、张冀和张亮(2008)研究发现在与盈余管理的关系上,董事会规模不确定,董事会持股比例不存在显著相关性,董事会会议频率呈显著正相关,独立董事及审计委员会呈不显著负相关,董事会与总经理两职分离呈显著负相关。

(3)管理层激励

国内外学者研究了管理层激励与盈余管理的关系,但研究结论并不统一,国外研究主要集中于当高管持股之后表现出来的激励效应与壕沟效应争议。Dempsey et al.(1993)研究发现,管理层持股比例较低的公司,更容易通过非经常项目来增加盈余。Warfield et al.(1995)的研究也发现,管理层持股比例越低,盈余管理(表现为可控应计利润)越多。但Yeo(2002)的研究则发现,公司管理层持股比例和盈余信息质量之间存在非线性关系:盈余信息质量先随管理层持股比例上升而提高;当管理层持股达到一定比例之后,出现盈余管理行为。

国内学者主要研究了高管报酬与盈余管理的关系,高管报酬是否具有约束效应结论不统一。王克敏和王志超(2007)研究发现,当高管控制缺乏监督时,总经理寻租空间租大,公司激励约束机制失效,高管报酬与盈余管理正相关。但杜兴强,温日光(2007)的研究却指出,高管的平均报酬越高,公司盈余管理程度越小。

2.2.3.2 外部治理机制研究

传统的公司治理理论认为,公司外部治理机制包括制度环境、市场竞争、中介等方面。国内外研究均以这些因素为出发点展开。

(1)制度环境

把制度环境引入到公司治理研究领域中最具影响力的是La Porta et al.(1998)的国别研究,他们的研究发现公司治理水平在普通法国家要高于大陆法国家。自此,法律保护、政府行为、社会资本、文化等外生变量逐渐进入到公司治理研究领域。国内学者也针对制度环境对盈余管理的影响进行了大量的研究。王彦超、林斌和辛清泉(2008)对市场环境、民事诉讼与盈余管理之间的关系进行研究,发现公司所在地市场化程度越高,遭受民事诉讼的可能性越大,但并没有发现各地市场环境差异对上市公司盈余管理行为存在遏制作用。张玲和刘启亮(2009)发现市场化程度高、政府干预低、法律水平高的地区,公司的负债水平与盈余管理正相关,反之债务契约假设不成立。

（2）市场竞争

市场竞争包括产品市场竞争和经理人市场竞争。

在产品市场竞争与会计信息披露质量上,Wagenhofer(1990)研究认为,产品竞争性与企业信息披露密切相关,当存在面对不利消息也不会调整的竞争对手时,公司信息披露较少。国内学者也对产品市场竞争与信息披露关系进行研究。例如王雄元和刘焱(2008)研究发现,适度竞争有利于信息披露质量的提高,产品行业竞争越激励,企业信息披露质量越高。

在经理人市场竞争与企业盈余管理关系上,Dechow 和 Sloan.(1991)的研究表明,管理者的职位受到威胁时,他们会为了保住职位而进行盈余。DeAngelo et al.(1994)则发现,在代理人考察期间,现任经理会用会计判断来增加报告收益。国内关于经理人市场与盈余管理大多集中在高管变更与盈余管理方面。杜兴强和周泽将(2010)实证研究发现,高管变更导致显著负向盈余管理行为。朱星文、廖义刚和谢盛纹(2010)检验管理人员变更时的盈余管理行为。研究发现,高管变更的当年存在较严重的调减利润的管理行为。

（3）中介机构

在盈余管理的外部中介机构治理的研究上,国外学者们重点对审计师、机构投资者外部监管力量进行研究。

Becker et al.(1998)以"六大"和"非六大"作为审计质量的替代变量,以琼斯模型估计的操纵性应计作为盈余管理的替代变量,研究了审计质量与盈余管理之间的相关性,结果发现,非六大的审计师所报告的操纵性应计平均比六大审计师所报告的操纵性应计要高总资产的 1.5%–2.1%。结果表明较低的审计师质量是伴随着更多的盈余管理。审计师的约束效应在我国存在不一致的意见。徐浩萍(2004)发现盈余管理程度较大的公司被出具非标意见的可能性大。而张为国和王霞(2004)研究了高报盈余的会计差错的动因,发现外部审计对高报错误的发生没有解释力,蔡吉甫(2007)的研究则显示国际四大国内合作所的审计质量与其他会计师事务所相比并无显著差异。

机构投资者对会计信息的强大需求和合理监督会减少利润操纵,提高会计盈余质量。Chung et al.(2002)研究结果表明,机构投资者能够降低上市公司的盈余管理程度,Chidambaran 和 John(2000)的研究表明,机构投资者具有监督角色,向资本市场传递有关公司正面信息,有助于增加投资者对公司的信任。我国有些学者研究了机构投资者在约束盈余管理中的作用。李延喜等(2011)发现盈余管理与机构投资者持股呈倒U型关系,即当机构持股者比例较低,机构不存在监管意愿,而只有机构持股比例较高,才会积极地监管盈余管理。高雷和张杰(2008)发现机构投资者在一定程度上参与了上市公司治理,其持股比例与公司治理水平呈正相关系,与盈余管理程度呈负相关关系,说明机构投资者能有效抵制管理层的盈余管理行为。

2.2.3.3 内部治理结构与外部治理机制的共同研究

除了检查单个治理机制的影响以外,一些国内学者分析了公司治理机制对于盈余管理水平的综合影响,张兆国,刘晓霞和邢道勇(2009)研究发现,投资者法律保护水平,公司控制权争夺,独立董事比例与盈余管理负相关;资产负债率与盈余管理正相关;控股股东持股比例与盈余管理呈倒U型关系;但产品市场竞争程度、管理者持股比例、董事会规模及是否设立审计委员会均与盈余管理不相关。

从上述盈余管理公司治理机制有效性的文献回顾可以看出,现有的盈余管理的公司治理研究中,存在二个方面的突出问题:第一,研究学者大多检验的是单个具体的公司治理机制与盈余管理的相关性,对于总体公司治理机制质量与盈余管理相关性的研究在数量上较少。分析这一现象的原因,可能是因为公司治理机制包含的因素太多。既有国家宏观层面的机制,也有微观企业层面的机制。各机制之间的关系错综复杂,即有相互补充关系,也有相互替代关系,由此导致反映公司治理机制总体质量的指标很难量化,从而影响了检验工作的进行。第二,单个公司治理机制与盈余管理相关性的检验结果还存在较多争议。除了各具体研究的样本与方法不同会造成检验结果有差异以外,之所以造成这一现象,本人认为这与研究者通常认为盈余管理是公司治理监管的一个目标而忽略盈余管理本身是一个治理机制有关。当把盈余管理视同公司治理监管目标时,研究者通常认为,好的公司治理机制导致好的监管,从而有较少的机会主义盈余管理,盈余管理与公司治理质量呈负相关性。但是盈余管理本身也是解决信息不对称的一种机制安排,企业管理人员和董事会从成本和收益比较出发,将单个机制结合起来起来构建一个最优的治理机制。在最优治理机制安排下,盈余管理与其他治理机制之间可能是相互替代,也可能是相互补充关系,由此导致盈余管理与其他治理机制之间相关性的研究结论不统一。上述问题的存在,表明盈余管理的治理机制有效性的研究结论很难一般化到所有的情况。对于盈余管理治理机制有效性研究应该结合盈余管理的具体动因和盈余管理特征予以思考。

综合以上的有关盈余管理的研究文献,我们发现现有盈余管理研究虽然已经取得很多研究成果,但依然存在许多悬而未决的问题:盈余管理是误导还是向投资者提供有价值的信息? 投资者能否看穿盈余管理行为? 以及盈余管理如何治理? 对于这样一些问题的解答,我们需要新的证据。

2.3　IPO 公司盈余管理研究综述

IPO 研究与盈余管理研究虽然都是西方学术研究热点,但是将两者结合起来,研究 IPO 公司盈余管理问题的文献却不太多。本人以"盈余管理"和"首次公开发行(或 IPO)"作关键词,在中国期刊全文数据库(CNKI)上对从 1980—2012 年公开发表的文献,进行搜索,总共发现 70 篇文献,其中属于实证研究文献的有 50 篇。综观相关文献,国内外对于 IPO 公司盈余管理问题的研究主要集中于以下两个方面:

2.3.1　IPO 公司盈余管理动因研究

Schipper(1989)指出,盈余管理产生有两个主要条件:一是契约磨擦,一是沟通阻碍。首次公开发行市场是一个特殊的市场,IPO 的发行主要涉及发行人与投资人,发行人的目标是取得尽可能多的筹资额,降低筹资成本,而投资者人的目的是取得尽可能高的投资报酬率,他们两者之间存在着明显的利益冲突。同时发行人与投资人之间有严重的信息不对称,发行企业拥有投资者所不了解的有关企业业绩与未来发展前景的信息,投资者只能依赖发行企业的信息披露来进行投资决策,契约磨擦与沟通阻碍的存在表明 IPO 公司盈余管理是一个非常普遍的现象,国内外大量的实证文献证明了 IPO 公司盈余管理的存在。但是对于 IPO 公司的盈余管理意图何为? 是误导投资者还是向投资者传递有价值的信息? 还存在机会主义盈余管理观和信号观之争议。

2.3.1.1　IPO 机会主义盈余管理观的研究

IPO 机会主义盈余管理观认为,在首次公开发行时,由于 IPO 公司高层管理人员通常拥有企业股份,通过首次公开发行,可以实现管理层所拥有的部分股份最大变现的目的,另一方面,股价上升也可以使企业以较少的控制权稀释为代价来筹措所需资本。加之在实务中,IPO 定价通常依据 IPO 的每股盈余与同行业的市盈率的乘数来制定,IPO 企业没有公开可得的信息,投资者很难去判断盈余质量,因此发行者有动机和能力去操纵盈余,提高发行价格,实现短期财富最大化的目的。但是应计存在反转特征,IPO 前的过度财务包装会导致 IPO 后长期业绩低迷(Teoh et al.,1998)。IPO 机会主义盈余观有许多支持的实证文献。

(1)国外的研究

最早研究 IPO 公司盈余管理问题是 Aharony, Lin 和 Loeb(1993),他们针对 IPO 公司盈余管理提出两个假设,第一个假设是计划公开上市的企业系统地高报盈余在 IPO 之前,第二个假设是盈余操纵的程度是负相关于审计师和承销商的质量。运用 1985—1987 年上市的 229 个 IPO 企业作为样本,采用 DeAngelo 模型计量盈余管理水平,他们的研究结果发现了非常弱的证据支持发行企业选择会计方法去提高净收益在公开上市前,同时也发现 IPO 公司盈余管理水平与承销商声誉和审计师声誉之间的相关性是非常微弱的,研究结论基本上不支持 IPO 期间的盈余管理假设。

但是在 Aharony et al.(1993)首开 IPO 公司盈余管理研究之后,后续学者又选择不同的样本和计量方法研究 IPO 公司盈余管理问题,实证结果基本上都证明机会主义盈余管理的存在。Friedlan(1994)认为由于 IPO 股份在公开上市之前没有市场价格,发行企业和承销商通常运用会计为基础的计量来制定 IPO 股票价格,因此,发行企业有动机进行会计操纵,他运用来自于在 1981—1984 年在美国公开上市的 277 个 IPO 企业,去检测是否 IPO 的发行者运用收益上升操纵性应计,进行会计操纵,提高报告发行前期间的净收益。实证结果证明在公开募股之前发行公司采用增加收益的应计方法,同时结果也表明发行者进行会计操纵通常是在招股说明书中列示的最近期间的财务报告中进行。另外 Teoh et al.(1994)在她的一篇工作论文中,研究了 IPO 公司盈余管理的动机和机会。该论文检测了围绕 IPO 年度的会计盈余和相关的应计和现金流量成分,发现在 IPO 前一年净收益和经营现金流量上升,并且在 IPO 年度显著下降。IPO 年度操纵性流动资本应计和总应计是负相关于未来现金流量,并且正相关于 IPO 前后净收益的变化,综合起来,实证证据一致于企业选择上市的时机正好在一个不同寻常高的现金流量之后,或者是在 IPO 前夸大现金流量,然后运用会计应计去维持报告 IPO 年度的报告净收益。

以上的研究虽然从实证上证明了 IPO 公司盈余管理行为的存在,并且在提出研究假设时,均明确指出 IPO 公司盈余管理目的是为了提高股价,取得尽可能多的筹资额。但上述文献没有直接考察企业 IPO 公司盈余管理水平与筹资额之间的相关性,没有从实证上证明 IPO 公司盈余管理的机会主义目的。Teoh et al.(1998)的研究弥补了这一缺陷。她们针对 1980—1990 年的 1682 个 IPO 公司,运用多种计量方法,对 IPO 当年以及随后 6 年的应计与盈余进行检验。结果发现与匹配的非发行企业相比,IPO 企业在发行年度平均有较高的正盈余和异常应计,而在 IPO 后长期盈余较差并且伴随着负的异常应计,多元回归揭示 IPO 年度的异常流动应计可以部分解释 IPO 之后的盈余和股票回报变化。表明 IPO 公司在发行当年进行了向上的盈余管理,导致投资者过分乐观,这是导致 IPO 后公司业绩不佳的重要原因。DuCharme et al.(2001)的研究进一步证明了美国 IPO 公司在 IPO 前和 IPO 当年的盈余管理不仅提高了 IPO 当年的筹资,而且降低了 IPO 后长期业绩,为 IPO 机会主义盈余管理提供了实证证据。另外 DuCharme et al.(2004)的研究还发现随着围绕发行的操纵性应计上升,涉及股票发行的股东集体诉讼的发生和赔偿也在上升,证明了 IPO 公司向上管理盈余是损害投资者利益,是一种机会主义行为。

IPO 公司机会主义盈余管理现象不仅发生在美国市场,在各国的资本市场上均被证明。Aharony,Wang 和 Yuang(2010)以中国 IPO 公司与母公司的关联交易来衡量盈余管理水平,证明 IPO 公司机会主义地向上管理盈余,并用 IPO 后控股股东掠夺少数股东的"隧道"行为来解释这种机会主义管理盈余的动机。另外 Roosenboom(2003)、Iqbal et al.(2009)以及 Amad-Zaluki et al.(2011)分别对荷兰、英国和马来西亚的 IPO 公司盈余管理进行研究,通过对 IPO 发行前及当年的未预期应计利润与 IPO 后的长期业绩的相关性研究,均证明 IPO 企业在发行前的盈余管理是导致 IPO 后长期业绩低迷的重要原因。

(2)国内的研究

在国内公司 IPO 过程中,由于盈余指标是决定公司能否上市、IPO 定价依据的刚性指标,因而国内公司 IPO 盈余管理动机更强烈,财务包装、利润操纵现象更严重,机会主义盈余管理观成为压倒性的观点。大量国内外学者运用中国资本市场 IPO 数据,检验并证明了中国上市公司 IPO 盈余管理行为普遍存在。但与西方企业高层管理人员拥有公司股权不同,中国 IPO 公司大多是由原国有企业改组而来,企业股权高度集中,公司管理人员基本不持有公司股权,其盈余管理的目的通常不是为了私人利益,而是为了控股股东的利益。

从文献的梳理来看,对于国内上市公司 IPO 机会主义盈余管理行为的研究可以分成前后二部分,早期的研究偏重于实证证明中国 IPO 公司盈余管理行为,后期的研究进一步检验 IPO 公司盈余管理的机会主义目的。

国内学者对于 IPO 公司盈余管理的研究最早可以追溯到 Aharony,Lee 和 Wong(2000)。他们检验了中国 1992—1995 年间 83 家国有企业的上市财务包装行为。

通过对IPO公司上市前后的ROA表现进行分析,发现公司在上市当年的报告收益达到最高水平,公司的收益表现为以IPO当年为分界线呈倒V形。随后林舒,魏明海(2000)考察了1992—1995年间首次公开发行的A股公司的财务包装行为。通过对A股公司IPO前后收益进行分析,发现公司收益在发行前处于高位,发行当年显著下降,之后收益继续上升或略微下降,不呈倒V形;Aharony et al.(2000)与林舒和魏明海(2000)的研究虽然都得出了IPO公司在上市前进行财务包装导致IPO后收益下降的结论,但这两个研究存在两个共同的问题,一是在研究中检验的是IPO前后的财务收益的变化,而不是直接反映盈余管理水平的指标,研究结论有一定的疑问;二是所选择的样本期是我国资本市场发展的早期,样本过少,结论很难说有代表性;后期的研究学者采用多种盈余管理计量指标,并扩大了研究的样本期间,进一步证明了我国IPO公司的盈余管理行为。张宗益和黄新建(2003)运用修正的琼斯模型,对1998—2000年首次公开发行A股的305家公司盈余管理进行检验,发现在首发前一年,盈余管理约为总资产的2.9%;在首发当年约为期初总资产的7.9%;而在首发后一年是期初总资产的2.1%,之后没有发现盈余管理的证据。而王春峰和李吉栋(2003)运用1998—2002年间公开上市的436家A股公司,采用琼斯模型和现金流—收益模型计量盈余管理水平,发现IPO企业发行前后存在系统性的盈余管理行为:发行前一年,为了提高发行价格,存在人为调增利润现象;发行当年,为了避免利润指标的快速下滑,仍然存在人为调增利润行为;同时IPO企业主要通过操纵现金流来操纵利润,其利润操纵手段具有很强的隐蔽性。

上述研究均证明了我国上市公司在IPO时存在比较严重的盈余管理行为。另外还有部分学者进一步检验了IPO公司盈余管理的机会主义目的。王志强,刘星(2003)的研究通过检验IPO当年盈余管理与后期的长期回报之间的相关性,发现IPO时盈余管理程度越大的公司,其后期平均回报率越低,从发行后长期业绩低迷的角度地证明IPO公司盈余管理的机会主义属性;陈共荣和李琳(2006)以及陈祥有(2009)的研究,通过检验IPO前盈余管理水平与IPO首日抑价水平的相互关系,发现IPO前正向盈余管理程度越大,其IPO首日抑价就越高。这一研究结论表明IPO公司通过向上的盈余管理,误导二级市场的投资者,导致IPO首日回报率过高。从IPO前盈余管理水平与IPO抑价率之间显著的正相关性的层面证明IPO公司盈余管理的机会主义目的。蔡宁和米建华(2010)以2006年股权分置改革以后的IPO企业为样本,研究发现企业在IPO时的盈余管理显著为正,并且企业盈余管理程度与发行市盈率正相关,与IPO折价率负相关,证明企业在IPO

时有高估收益的盈余管理的动机。

从上述国内外 IPO 机会主义盈余管理研究的比较来看,国内外学者的研究总体上证明了 IPO 公司机会主义盈余管理现象的存在。学者们均是从 IPO 前后盈余管理水平与 IPO 长期回报、首日抑价率之间的相关性层面出发,证明 IPO 公司通过操纵盈余,导致二级市场投资者过度反应,引发 IPO 首日抑价,后期随着操纵性应计利润的反转,以及投资者的觉醒,导致 IPO 公司长期股票业绩和经营业绩低迷,从而证明 IPO 公司盈余管理目的是机会主义的。虽然研究的原理相似,但从研究设计来看,国内学者研究样本偏少,对盈余管理计量采用单一模型,研究设计较简单。相较之,国外学者研究设计更加细致、严谨,从 IPO 公司盈余管理水平与企业 IPO 股价、IPO 后长期经营业绩、IPO 后长期股票回报等多个层面的相互关系进行探讨,而且综合运用多个计量模型来计量盈余管理水平和企业业绩水平,研究结论相对可靠。

2.3.1.2　IPO 公司盈余管理信号观的相关研究

虽然现有文献大多是从机会主义盈余管理观来解释与检验 IPO 公司盈余管理行为,但近年来国外有些学者试图从信号观的角度解读 IPO 公司盈余管理行为,认为 IPO 公司盈余管理是发行者向投资者传递有关企业未来前景的私人信息的一种方式,它可以增加盈余的信息含量。

（1）理论解释

由于不认同传统的机会主义盈余观,Fan（2007）提出一个信号模型对 IPO 公司盈余管理行为进行理论解释,该研究是对 Leland 和 Pyle（1977）年所提出的单变量信号模型的延深。Leland 和 Pyle（1977）提出一个单一信号模型——内部人持股。他们认为,在 IPO 时,风险厌恶的发行者通过保留自己在项目中的最低限度的股份,售出其他股份,可将自己与低质量的发行人有效地区分。Fan 进一步指出,信号的可信性依赖于发出一个错误信号的相关成本,除了内部人持股可以作为企业价值的有效信号以外,还存在第二个信号,即企业发行人的盈余管理。这是因为盈余管理是有真实经济成本,它可以有效地阻止低质量发行人的模仿。理性的投资者也意识到只有高质量的企业才可以承受高报盈余的潜在成本,相应的正确评估企业价值。在这种情况下,正的盈余管理就成为发行人质量分离均衡的一个有效的信号工具。

（2）实证检验

对于 IPO 公司盈余管理信号观,除了上述理论解释以外,国外还有一些研究学者提供了直接的实证证据。

Ball 和 Shivakumar(2008)认为随着企业由私人持有转向公众持有,财务报告的环境发生了改变,一方面,公司财务报告标准提高,报告使用者对高质量财务报告需求增加;另一方面审计师、董事会、分析师、评级机构、媒体等也会对上市公司财务报告进行严格审查与监管,财务报告的监管力量加强。他们认为,报告环境的变化会导致 IPO 公司财务报告更加谨慎,这一观点相反于普遍的机会主义观点。为了实证检验这一观点,他们选择 1992—1999 年在伦敦股票交易所上市的393 个 IPO 企业作为样本企业,同期的非 IPO 的上市企业和私人企业作为对照样本,采用 Ball 和 Shivakumar(2006)所提出的非线性琼斯模型估计盈余管理水平,发现在 IPO 前两年,相对于同期私人企业和上市的非 IPO 企业,IPO 企业的操纵性应计是更加谨慎,说明 IPO 企业没有机会主义夸大盈余。同时 Ball 和 Shivakumar还对提出 IPO 机会主义盈余管理观的经典论文 Teoh, Welch 和 Wong(1998)的研究结果提出置疑,认为 Teoh et al.研究中计量盈余管理的水平的变量——操纵性流动应计的估计存在偏差,会导致研究结论错误地支持向上的盈余管理。

Jiraporn et al.(2008)则试图利用代理成本区分 IPO 公司盈余管理的机会主义观和信号观。由于代理成本不易计量,作者选择治理指数作为代理成本的替代变量,实证检验了 IPO 公司盈余管理水平与代理成本之间的相关性,研究结果发现盈余管理较大(较小)的企业承受了较少(较多)的代理成本,盈余管理水平与代理成本呈负相关性,同时企业价值与盈余管理水平之间呈正相关性。研究结果总体上证明盈余管理不是有害的,而是有益的。

综上所述,IPO 公司盈余管理行为已经被国内外研究学者证明是一项普遍的行为,但是对于其动因的属性还存在争议。IPO 机会主义盈余管理观虽然有大量的实证证据支持,但它缺乏严谨的理论模型,加之计量偏差的影响,其实证结论也存在一定的疑问;IPO 公司盈余管理信号观虽然有强有力的理论模型,但支持它的实证证据却寥若晨星。从本人所掌握的文献来看,目前尚无国内学者对 IPO 公司盈余管理的机会主义观和信号观进行区分,因此对于 IPO 公司盈余管理是有益还是有害? 还是一个有待回答的理论和实证问题。

2.3.2 IPO公司盈余管理的治理研究

虽然IPO公司盈余管理有机会主义观和信号观之争,但机会主义盈余观是目前的主流观点。在机会主义观下,IPO 公司盈余管理实质上等同于盈余操纵,目的是为了夸大盈余,提高股价,它不仅会误导投资者,而且会损害企业未来价值,因此必须有一定的机制来约束它。首次公开发行过程是发行人、潜在投资者、中介机构和证券监管部门的一个四方博弈过程,发行人的盈余管理行为的约束主体主要是中介机构、潜在投资者和监管部门,在不同的制度体系下,此三方约束力量存在差异,导致中西方对于 IPO 盈余管理约束因素的研究范围各有侧重,研究结论也不尽相同。

2.3.2.1　国外的研究

西方发达国家 IPO 市场是高度市场化的市场,IPO 公司上市采取注册制,注册制强调"披露即合规"。在 IPO 注册过程中,证券监管部门和证交所只是负责审查公司信息披露的内容充分性、格式合规性以及上市条件的合规性,而由中介机构承担"信息生产"和"认证中介"的重要作用。因此西方的研究大多分析承销商、审计师、风险资本家等中介机构对 IPO 公司盈余管理行为的约束,但自世通、安然等会计欺诈的陆续出现,西方证券监管机构认识到"市场失灵"的缺陷,为了保护社会公众利益,也开始强调市场监管的重要性。

（1）承销商治理机制

将承销商作为IPO机会主义盈余管理一种外在治理机制的理论源自于Booth和 Smith(1986)提出的承销商认证中介理论。Booth 和 Smith 认为,在企业发行新股时,由于内部人和外部人之间存在信息不对称,为解决信息不对称所导致的逆向选择问题,发行企业通过租借承销商的声誉来表明其发行价格与其内部信息和投资价值相一致, 所以承销商声誉等级与 IPO 企业质量之间存在一种正相关关系。由于盈余管理水平的高低是反映 IPO 企业质量的一个重要指标,在机会主义观下,盈余管理水平越高,表明企业质量越差。由认证中介理论推衍,承销商声誉与IPO公司盈余管理水平之间存在一种负相关关系,也就是说承销商的声誉机制是 IPO 机会主义盈余管理的一种有效治理机制。Chemmanur 和 Fulghieri（1994）的研究证明有声望的承销商倾向于承销一个低风险的企业,Fang(2005)显示投资银行在决策是否承销时, 主要关心是其声誉, 承销商声誉信号其发行质量,因此IPO 盈余管理和承销商声誉之间的负相关性被预期。除了理论分析以外,还有许多实证研究对IPO市场,承销商声誉的治理机制进行了检验。Aharony et al.(1993)报告了一个弱的负相关性在承销商声誉和 IPO 盈余管理之间,而 Morsfied 和 Tan(2006)的研究却发现两者之间有一个显著的负相关性,Lee 和 Masulis(2011)以及Brau 和 Johnson(2009)的研究则进一步直接证明承销商声誉能有效抑制 IPO 企业盈余管理水平,承销商声誉与 IPO 公司盈余管理水平之间负相关。总体的实证结果支持了承销商治理机制有效性。

（2）审计师治理机制

探讨审计师在IPO机会主义盈余管理中的治理作用的理论解释主要有两个，一个理论是Titman和Trueman(1986)提出的审计师信号显示理论，此理论认为在当企业首次公开发行股票时，投资者不了解企业真实价值，而企业所选择的审计师的质量向市场提供了有关于企业价值的信号。也就是企业价值越高，会计信息越准确的企业越是愿意雇佣质量高的审计师，审计师质量作为一个信号向投资者传递有关企业价值的有用信息，审计师质量可以抑制企业机会主义盈余管理行为。Datar et al.(1991)的模型进一步指出审计师的选择和被审计的报告只是提供了关于企业私人信息的部分信号，企业还通过内部人持股去解决所有保留的投资者不确定。检验审计师信号显示理论的实证文献很多，Beatty(1989)研究证明雇佣有声誉审计师的IPO企业的抑价要显著更低，而Michaely和Shaw(1995)的实证结果则进一步表明，有声望的审计师是相关于较少风险的IPO，同时IPO长期业绩与企业所雇佣的审计师的声誉正相关。

解释审计师的IPO机会主义盈余管理治理机制的另一个理论是源自于Dye(1993)审计质量模型。Dye模型化审计师责任、审计质量、与审计收费之间的关系。在他的模型中，审计师的财富被作为进行高质量审计的保证，Dye显示审计质量会随着审计师财富而上升，即当审计师财富越多，即对于较大的和更加有声望的审计师，由于深口袋效应，他们遭受诉讼风险的可能性越大，为避免声誉受损的严重后果，审计师所提供审计质量就会越高。Venkataraman et al.(2008)根据Dye的理论，指出在公开发行证券时，审计师的审计责任是由1933年证券法所规范，而在上市以后，审计师的责任则1934年证券交易法规定。两相比较，1934年《证券交易法》对注册会计师的责任有所减轻，因此Venkataraman et al.认为审计师在审计公开发行证券的公司向证券交易委员会呈送的登记表的信息时责任更大，诉讼风险可能性越高，审计师所提供的审计质量也越高。运用五个异常应计模型计量盈余管理水平作为审计质量的替代，他们发现IPO前一年的被审计的应计是显著为负的，并且低于IPO后一年的被审计的应计，表明在一个较高的诉讼风险环境下，审计质量是较高的，从实证上证明了审计师的诉讼风险的加大会提高审计质量，抑制IPO机会主义盈余管理。

（3）风险投资治理机制

风险资本家筹措管理风险资本，寻找挑选投资项目，投资并监督风险企业，过去二十年，在美国接近有三分之一的IPO公司是有风险投资背景的（Morsfield和

Tan 2006）。Barry et al.（1990）研究认为风险资本家积极地参与和监管他所投资公司的经营管理，在所投资企业中有显著的股权，风险资本家监管投资方面的专才和经验可以阻止盈余管理和增强企业的公司治理。但是有关风险投资治理机制的实证结论却并不统一。Morsfield 和 Tan（2006）的研究检测了公开上市公司的财务报告质量，证明有风险投资背景的 IPO 公司上市当年的异常应计是显著低于无风险投资背景的 IPO 公司，研究结果支持风险资本治理机制。Wan（2012）的研究也发现，由较高质量风险资本背景的公司在 IPO 时有较少激进的财务报告，表现为较低的异常应计、较低的实质活动盈余操纵，以及较低比率的财务报告重述。但是 Lee 和 Masulis（2011）的研究却没有发现风险资本家作为一个整体显著地限制 IPO 公司的盈余管理的证据。同时 Chahine et al.（2012）的研究也认为风险资本辛迪加的分散性提高了 IPO 前的操纵性流计。

（4）其他监管机制

除了单个检测承销商、审计师、风险资本家的治理机制以外，有些研究还检测了这些认证中介的共同治理效果，但共同检验的结论与单个机制检测结论存在差异。Agrawal 和 Cooper（2009）检测承销商声誉、风险资本背景、风险资本声誉与 IPO 盈余管理的相关性。检测发现一个新上市企业的重述报告的可能性是①正相关于它的领头承销商的声誉；②负相关于风险背景以及它的领头风险资本家的声誉；③负相关于它的领头风险投资家的成熟。对于这一实证结果，作者认为，风险资本，尤其是那些成熟和有声望的风险资本，会正向影响他所监管 IPO 企业的财务报告质量，而承销商对于承销收益的关心超过了对声誉的关心，导致承销商声誉机制没起作用。

另外世通、安然等会计欺诈的陆续出现，西方证券监管机构意识到"市场失灵"的缺陷，为了保护社会公众利益，于 2002 年颁布萨班斯法案，以加强企业自律和市场监管。萨班斯法案的颁布是否能约束 IPO 公司机会主义盈余管理行为还存在异议。DeBoskey 和 Jiang（2012）研究发现美国的银行继续通过贷款损失准备平滑会计盈余在萨班斯法案颁布以后的期间，而 Hei et al.（2012）发现在萨班斯之后公开上市的企业进行了较少的盈余管理相对于在萨班斯法案之前公开上市的公司，进一步的分析表明风险资本家目的的改变可以解释萨班斯法案之后 IPO 公司盈余管理水平的下降。

2.3.2.2　国内的研究

与国外研究相比，我国在承销商、审计师、风险资本家等中介机构的治理机制有效性的研究上还存在较多争议。另外与国外 IPO 市场的完全市场化特征相比，国内IPO市场正处于行政化管理向市场化程的转化阶段。因此,国内IPO公司盈余管理的治理研究文献,除了探讨承销商、审计师、风险投资家等认证中介作用以外,社会资本、法律保护、监管制度和政治联系等微观环境也成为约束IPO机会主义盈余管理的重要机制。

(1)承销商治理机制

2009年5月13号中国证监会公布的《关于修改〈证券发行上市保荐业务管理办法〉的决定》明确规定了推荐人在证券发行上市中的督导责任,但承销商声誉机制治理效果的实证检验上,国内学者的研究结果存在一定的争议性,部分研究的结果不支持承销商声誉机制。刘江会等(2005)检验了我国承销商声誉与IPO企业质量之间的关系,实证分析的结果显示我国承销商的"认证中介"职能严重缺位,承销商声誉与IPO企业质量之间正相关的关系被扭曲,通过承销商的声誉等级来区分发行企业质量的信息甄别机制基本上不存在。张海云和徐春波(2008)采用三种不同的标准衡量我国承销商声誉,对承销商声誉与发行企业质量之间的关系进行了实证分析。结果也发现:理论上得出的承销商声誉与IPO企业质量之间的正相关关系在我国并不存在,承销商声誉机制不起作用。但也有学者对此提出了相反的研究结论。郭泓和赵震宇(2006)通过实证研究承销商声誉对IPO定价、初始回报和长期回报的影响研究,发现承销商声誉对IPO初始定价和初始回报都没有影响,但是承销商声誉对IPO长期回报有显著的影响,承销商声誉越高,IPO长期回报也越高,研究发现承销商声誉有助于投资者减少信息不对称,支持声誉机制的作用。黄春玲和陈峥嵘(2007)通过发行企业质量与承销商声誉相关性的分析,发现中国IPO市场承销商声誉的阶段性积累已初具雏形,但还有待进一步明朗化。

(2)审计师治理机制

会计师事务所负责招股说明书中财务报告的审计,直接监督IPO公司盈余管理水平,出于声誉机制和避免审计风险的考虑,审计师质量对IPO公司盈余管理水平存在约束,但其有效性的实证检验结果存在争论。李仙和聂丽洁(2006)检验IPO公司审计师质量对其盈余管理程度的影响,发现"十大"事务所审计的公司,其盈余管理程度低于"非十大"计的公司,结果支持了审计质量治理机制。而黄虹荃和崔文娟(2010)的研究发现,公司在IPO过程中存在盈余管理,而会计师事务所声誉与IPO公司没有显著的相关性,研究结果不支持审计质量治理机制。

(3)风险资本治理机制

在风险资本家监管作用的检测上,陈祥有(2010)通过IPO公司风险投资背景与IPO发行前盈余管理水平之间相关性分析,发现有风险投资支持的IPO公司盈余管理水平更低。研究结果揭示风险投资可以约束IPO过程中的盈余管理行为。但刘景章和项江红(2012)对于创业板IPO公司的研究却发现,在香港创业板和深圳创业板市场上,都存在显著正向的盈余管理,有风险资本背景的IPO公司的可操纵性应计利润均值虽然小于无风险资本背景的IPO公司的可操纵性应计均值,但差异并不显著,说明风险投资治理机制在中国市场上还没有完全形成。

(4)法律保护机制

Leuz et al.(2003)的跨国研究发现,投资者法律保护较强的国家,盈余管理程度较低,国家的法律制度是保护投资者利益的一个有效的治理机制。中国仍处于转轨时期,投资者法律保护体系还不健全,法律制度在不断的完善,一些文献研究了法律制度变化对IPO公司盈余管理的影响。王克敏和康鹏(2012)分析盈利预测制度变迁对IPO公司盈余管理的影响。研究发现,自愿性盈利预测制度降低IPO公司盈余预测的偏好,盈利预测高估程度下降,公司盈余管理水平显著降低,表明市场化信息披露制度有利于缓解盈余管理行为。陈书燕(2006)研究监管制度变革对于IPO公司盈余管理的影响,发现随着监管制度出台和发行制度市场化程度的提高,IPO公司的盈余管理程度有了显著的降低。

(5)社会资本约束机制

Guiso,Sapienza和Zingales(2004)发现对于经济法律制度不太健全的发展中国家而言,社会资本能通过自律和规范,达到更好的约束效果。潘越等(2010)研究也指出,要实现对于IPO公司盈余管理行为的有效监管,除了必要的法律约束之外,诚信、道德等社会资本的作用也不容忽视。他们的研究发现在社会资本水平高的省份,IPO公司不可能进行盈余管理,而且社会资本与法律保护机制可以相互替代。

(6)其他机制

除了上述的治理机制以外,Liu et al.(2012)研究了中国IPO公司的政治联系与长期股票业绩之间的相关性。研究发现具有政治联系的企业经历了较好的长期股票业绩。另外,陈祥有(2009)的研究还发现,IPO前盈余管理水平与风险投资、会计事务所声誉、保荐制实施等因素显著负相关,但没有发现十大保荐机构能够降低IPO前盈余管理水平。

上述的文献回顾表明,IPO盈余管理的治理机制是多方面,而且各机制的作用也是相互影响,错综复杂的,造成IPO盈余管理治理机制的研究结论并不统一,IPO公司盈余管理治理机制的研究还有待进一步深化。

2.4 IPO 公司盈余管理研究现状评述

从上述的文献回顾,我们发现与 IPO 研究及盈余管理研究的不可胜数的研究文献相比,国内 IPO 公司盈余管理的研究无论从数量还是质量上都略显单薄,目前的研究主要存在以下几个方面的问题:

2.4.1 国内 IPO 公司盈余管理实证研究数量较少,有待进一步丰富

国内 IPO 公司盈余管理实证研究数量之所以偏少,究其原因有以下几个方面:第一,IPO 公司盈余管理实证研究起步较晚。盈余管理的实证研究始于二十世纪八十年代末,它晚于六十年代末就开始的 IPO 实证研究,而将两者结合起来进行的研究——IPO 公司盈余管理研究则时间更晚,直到 1993 年,由 Aharony et al.(1993)研究才开始兴起;第二,IPO 公司盈余管理实证研究存在计量难点。由于盈余管理的不可观察性,盈余管理研究的难点是盈余管理程度的计量,虽然学界提出众多有关盈余管理计量的模型和方法,包括总体应计利润法、具体应计利润法、盈余分布法等,但这些方法都存在不足,很难客观量化 IPO 公司盈余管理行为,造成 IPO 公司盈余管理研究滞后;第三,IPO 公司盈余管理实证研究数据收集困难。研究 IPO 公司盈余管理问题,需要掌握公司上市前连续几年财务数据和内部治理数据,但是由于信息披露制度不健全,招股说明书上所公布的数据范围有限,数据披露偏少,导致学术界对于 IPO 公司盈余管理实证研究处于相对薄弱状态。

2.4.2 IPO 公司盈余管理属性研究存在争议,有待进一步澄清

IPO 公司盈余管理行为已经被国内外研究学者证明是一项普遍的行为,但是对于其属性还存在争议,IPO 机会主义盈余管理观有大量的实证证据支持,但它缺乏严谨的理论模型,加之计量偏差的影响,其实证结论存在一定的疑问;相反,IPO 公司盈余管理信号观虽然有强有力的理论模型,但支持它的实证证据却寥若晨星。因此对于 IPO 公司盈余管理到底是有益的,还是有害的? 仍是一个有待回答的理论和实证问题。

2.4.3 IPO公司盈余管理治理机制有效性的研究结论并不统一，应进一步拓展

现有的 IPO 公司盈余管理公司治理文献重点研究了承销商、审计师、风险资本家等外部监督力量对于IPO机会主义盈余管行为的抑制,由于各机制的作用相互影响,错综复杂的,造成 IPO 盈余管理治理机制的研究结论并不统一。另外这些治理机制都是属于公司治理中的外部监督力量,公司治理中的内部治理结构,如董事会特征、管理层激励、所有权结构以及企业内部控制制度是如何影响 IPO 机会主义盈余管理行为并发挥作用的,目前仍是研究的薄弱环节。究其原因,可能是招股说明书中对于公司内部治理的数据披露过少,数据的缺乏阻碍了进一步的研究。多层次的治理机制的综合效应,以及内部治理与外部治理的交互效应将是未来 IPO 公司盈余管理治理机制的重点研究方向。

基于上述国内IPO公司盈余管理研究所存在问题分析,本书的研究重心放在三个方面:

第一,为解决盈余管理计量难问题,本书第 3 章对文献中现有的 IPO 公司盈余管理计量模型的检验效力进行实证分析,以寻找合适的模型来衡量中国IPO公司盈余管理的程度;

第二,为解决 IPO 公司盈余管理属性争议问题,本书第 4 章从实证上探讨了 IPO 公司盈余管理动因,对 IPO 公司盈余管理的机会主义盈余管理观和信号观争论提供了一个可能的解释;

第三,为丰富 IPO 公司盈余管理治理机制的研究,本书基于中国 IPO 公司管制诱发型盈余管理动因的考虑,认为监管制度变迁会对IPO公司盈余管理行为产生重大影响,而现有监管制度治理效应的研究还不够全面。因此本书第 6 章基于证券发行制度变迁的角度检验 IPO 公司盈余管理水平和方式的动态变化,为 IPO 发行制度的完善提供依据。

第3章
IPO公司盈余管理计量模型的选择

  盈余管理实证研究的一个关键环节是计量盈余管理水平。但是由于盈余管理方式的多样性,手法的隐匿性以及信息披露的不对称性,研究者难以直接观察到盈余管理行为数额,诸多学者提出了众多计量方法和模型,但目前各方法的合理性仍存在争议。本章对文献中常用的盈余管理计量方法和模型进行综合梳理,并运用统计模拟的方法,测试各模型产生第一类错误和第二类错误的频率,比较基本琼斯模型、修正琼斯模型等七种常用的截面操纵性应计利润模型在中国资本市场的检验效果,力图通过现有的文献的综合和实证研究的结果,寻找适合于IPO公司盈余管理的计量模型。

3.1 盈余管理常用计量方法简述

  对盈余管理的计量,首先要明确盈余管理的范围与手段。根据Healy和Wahlen(1991)对盈余管理所下定义,"当管理人员在财务报告中运用职业判断或构建交易改变财务报告,旨在误导那些以公司的经济业绩为基础的利益人的决策或者影响那些以会计报告数字为基础的契约的后果,就产生了盈余管理。"[①]由此可以看出,盈余管理的发生有两类手段,一类是在GAAP范围内运用会计判断来操纵报告盈余,比如会计方法的选择、会计估计的改变或交易记录时点的选择(提前确认

---

  ① 盈余管理的定义众多。从盈余管理范围分,基本上分为二类:第一类认为"盈余管理是一种获取私人利益的披露管理"(Schipper,1989),把盈余管理范围限定在GAAP范围内的会计操纵;第二类认为"盈余管理是管理人员在财务报告中运用职业判断或构建交易改变财务报告"(Healy,1999),把会计操纵与构建交易都归于盈余管理。本书采用第二类定义,是从广义角度研究盈余管理计量。

收入或推迟记录费用等)等,通常被称为"应计操纵"(accrual manipulation);第二类方法是通过经营决策,构建真实交易去影响报告盈余,例如,通过提高价格折扣去增加销售、减少可操纵性支出(如研发支出、广告支出等)、进行过量生产去降低销货成本、通过资产销售或股份回购来增加报告盈余等,通常被称为"实质盈余管理"(real earning management)。

针对不同的盈余管理手段,研究人员也提出不同的盈余管理计量方法。综观现有文献,盈余管理计量方法主要有四类:总体应计利润法、具体应计利润法、实质盈余管理计量和盈余分布法。前两种方法是计量应计操纵,第三种方法是计量真实盈余管理,最后一种方法是从盈余管理结果——管理后盈余的分布来计量盈余管理效应。下面对各类计量方法作一个简要介绍。

3.1.1　总体应计利润法

总体应计利润法是西方盈余管理实证研究中最常用的一类方法。该类方法的核心思想认为,企业报告收益由两部分组成,经营现金流量和应计利润。经营现金流量对应于现金的变化,与会计选择关系不大或无关,一般需要通过真实的经济业务来操纵,操纵成本高,因此企业一般不予考虑;而应计利润内生于会计的权责发生制,管理人员有较大的操纵空间,它既可以通过会计方法的选择和会计估计的改变来予以调整,也可以通过交易的记录时点的选择来予以影响,操纵成本较小,而且操纵手法也更加隐蔽,故在西方成熟的市场监管体系下,管理人员更多倾向于采用应计利润来管理盈余。但并不是所有的应计利润都是管理人员操纵的产物,应计利润中有一部分是反映企业基本业绩,因此总体应计利润法目的是从应计利润总额中分离出可操纵应计利润,作为衡量盈余管理的指标。由于可操纵性应计不易直接观察,管理人员通常根据应计的影响因素,模型化不可操纵应计利润,然后从总应计利润中扣除不可操纵应计利润,得到可操纵性应计利润。

总体应计利润法下提出了众多的模型,包括:Healy 模型、DeAngelo 模型、Jones 模型、Jones 修正模型、Jones 业绩匹配模型等。这些模型的主要差异是非操纵性应计的假设与处理不同,由于篇幅问题,这里对各模型的假设与具体形式不一赘述,请参阅相关文献。①

---

①　关于总体应计利润的各种模型具体介绍可以参阅:夏立军.盈余管理计量模型在中国股票市场的应用研究[J].中国会计与财务研究,2003,5(2):94-120.

3.1.2 具体应计利润法

具体应计利润法是计量盈余管理的第二类方法。具体应计利润法集中于某个或某类金额很大并且要求大量判断的特殊应计项目,这些特殊应计在企业总应计中所占比重很大,预期管理人员的操纵会反映在这些特殊的应计项目上,研究人员运用所掌握的行业制度背景知识,通过对该项目的具体分析,实证模型化其中的操纵性成分来计量企业盈余管理的程度。与总体应计利润法相比,具体应计利润法研究对象更为具体,可以建立更合理的模型,减少盈余管理计量的噪音,但不足之处是关注于某一项或某一类应计,可能会低估整体的盈余管理水平。

早期的具体应计利润法主要集中于一些特殊的产业,比如银行业的贷款损失准备以及保险业的损失赔偿准备等,所得出的结论很难一般化到其他行业。但现在许多研究者在更大产业范围内研究单个应计行为,如折旧政策的选择,税收费用的管理,加速收入的确认等,从而扩大了具体应计利润法的运用面。

3.1.3 实质盈余管理计量

按照 Roychowdhury(2006)定义,"实质盈余管理是偏离于正常经营活动的管理者行为,目的是去误导利益相关者相信某种财务报告目标已经在正常经营活动中实现。"[1]实质盈余管理直接影响企业经营现金流量,在某些情况还会影响应计,它虽然可以提高企业当期的盈余,但对企业未来现金流量却有负面影响,会最终损害企业价值。由于实质盈余管理操纵成本高,目前盈余管理的实证研究主要集中于检测异常应计,仅仅是少量论文研究了资产销售、减少研发支出等实质盈余管理活动行为。[2]

类似于会计操纵的计量要区分应计的可操纵性与不可操纵性成分,经营决策变化所导致的收益同样一部分可能是源于正常的经营选择,而另一部分则是由于操纵盈余目的的人为构建,因此实质盈余管理计量的关键是控制其他原因所导致的经营决策活动,从经营决策变化所导致的收益中分离出异常部分作为实质盈余管理水平的计量。例如 Roychowdhury(2006)借用 Dechow(2002)提出

---

① Roychowdhury Sugata. Earnings management through real activities manipulation[J]. Journal of Accounting and Economics,2006,42(3):335-370.

② 有关实质盈余管理的文献综述可参阅:Roychowdhury Sugata. Earnings management through real activities manipulation. Journal of Accounting and Economics,2006,42(3):335-370.

的模型推导出经营现金流量、酌量性费用和制造成本的正常预期水平,用实际偏离预期的异常经营现金流量,异常制造成本和异常酌量性费用去计量实质盈余管理水平。但由于实质盈余管理的实证研究较少,总体上看,目前实质盈余管理的计量还是零散而粗略的,在方法上还没有形成一个统一的模型,有待以后进一步完善。

3.1.4 盈余分布法

盈余分布法是从盈余管理结果——被管理盈余来分析盈余管理的一种方法。它通过分析盈余分布密度在某一阈值点处是否存在异常,从而判断盈余管理行为存在与否。这种方法的基本思想认为在不存在盈余管理的前提下,企业盈余以及盈余变化应该呈现统计平滑分布。在具体研究中,研究者首先通过盈余管理动因来确定相应的阈值点,然后检验盈余的分布,若在给定阈值点处存在异常的不连续性分布(比预期更少或更多的观察值),则表明企业存在盈余管理行为。判断阈值处是否存在盈余管理便转化为阈值处盈余分布函数的光滑与否。盈余管理的动机不同,阈值点的确定也不同。西方实证研究中常用的阈值点包括:盈余为零,此阈值点主要检验企业避免亏损的盈余管理动机;上年盈余,此阈值点主要检验避免盈余下降的盈余管理动机;本年度分析师预测盈余,此阈值点主要检验满足分析师预测盈余的盈余管理动机。常用两种检验方法:①直方图;②构造概率密度函数进行统计检验。直方图法可以简单直观地判断是否在阈值点处存在盈余管理行为,但是不能指出盈余管理的频率与幅度;而概率密度函数通过假设未管理前的盈余分布特征,构建预期的分布概率密度函数,与实际的分布概率密度函数进行比较,可以得到盈余管理的频率与幅度,但结果的可靠性受到假设限制。

3.2 各盈余管理计量方法优缺点评述

3.2.1 总体应计利润法评述

总体应计利润法是目前西方盈余管理研究文献中使用频率最高的一种盈余管理计量方法,但同时也是受到批评最多的一种方法。这一方法的主要优点是:第一,应计利润总额可以综合反映企业的各种应计操纵行为,比如会计估计和会计方法的变化,收入的递延确认,费用的资本化等,因此该方法可以从总体上把握盈余管理的程度;第二,总体应计利润法思路清晰,计量相对简单,对研究企业没有特殊要求,依其得出的研究结论更具有普遍性。

这一方法最大的缺陷是现有的模型计量结果存在误差,具体的问题包括:①总应计利润的计量存在噪音。总应计计算有资产负债表计量与现金流量表计量两种方法,Hribar 和 Collins(2002)指出当样本企业涉及并购、非持续项目、外币转换时,采用资产负债表计量法会把一些非收益影响的账户余额变化归于总应计利润,导致计量误差,主张应以现金流量表的相关数据来计算总应计利润;②现有的模型忽略了许多影响应计水平的因素。Dechow 和 Sloan(1995)的实证证据表明企业业绩、规模、成长、负债状况是与企业应计水平密切相关。而现有的模型却忽略了这些影响因素,引发了计量误差;③模型计量线性形式也受到置疑。Ball 和 Shivakumar(2006)指出传统线性模型忽略了会计谨慎性原则对于收益和损失的不对称处理,导致自变量系数被显著地削弱,而考虑了会计谨慎性原则的非线性模型却能解释显著更多的应计变化。

3.2.2 具体应计利润法评述

相对于总体应计利润法,具体应计利润法有其自身的优点和缺点,使用这种方法的一个优点是,针对具体应计项目,研究人员可以根据自身所掌握的关于该项目的会计知识和制度背景,提出影响应计项目的关键性因素,从而较好确认该应计项目的操纵性成分;另一个优点是这种方法可以应用于那些业务活动会导致大量容易被操纵的应计利润的行业。

但运用具体应计利润法同时有三个潜在的缺点,第一该方法运用是有前提,要求具体应计项目明确并且数额足够显著。如果研究者不清楚企业用哪一个应计项目去操纵盈余,或者企业运用多个应计项目去管理盈余,单个应计操纵数额并不显著,那么具体应计测试盈余管理的能力将降低并有可能错误地排除盈余管理行为;第二,相对于总体应计方法,该方法要求研究者掌握更多的制度知识和数据,提高了运用这些方法的成本;第三,具体应计利润项目研究往往局限于小样本或具体的行业和部门,因此研究结果难以推广。

3.2.3 实质盈余管理计量评述

实质盈余管理通过次优商业决策,如通过削减研发支出,过量生产,以及给予较大的商业折扣,达到盈余管理目的,是一种新的盈余管理手段。实质盈余管理计量由于研究文献少,研究问题零散,在方法上还没有形成一个统一的模型,今后的研究应该在以下几个方面进行突破:第一,要明确实质盈余管理的行为与具体手段,扩大研究范围。从文献上分析,目前实质盈余管理主要集中在资产销售、股份回购与研发支出的调整上,除了这些手段以外,实质盈余管理还有许多其他方式,比如通过放松信贷政策扩大收入、减少酌量性固定成本来降低成本,通过关联交易来转移利润等,研究人员应该扩大目前的研究范围;第二,实质盈余管理活动计量难点在于区分效率性的业务构建与机会主义的业务构建,目前主要是引入一些控制变量来消除其他因素所导致的业务构建的影响,但控制变量的选取并不一致,导致计量较粗略,误差大。未来的研究应该针对不同的业务,深入分析业务实质,选择更加合适的控制变量,减少计量误差。

3.2.4　盈余分布法评述

盈余分布法是一种非常实用的盈余管理计量方法,有两个显著的优点:一是研究者不用估计充满噪音的操纵性应计来检测是否存在盈余管理,它仅需要通过分布函数在给定阈值处的不连续性来确定盈余管理,计量直观并较准确;二是通过构建分布概率密度函数,这种方法能估计出盈余管理的频率与幅度。

但这个方法仍然存在一些疑问:一是阈值点的确定存在主观性,很多盈余管理行为,比如首次公开发行、避免监管、避免违反债务契约等盈余管理动机很难确定一个合理的阈值点,使得这种方法的普遍运用存在较大的局限性;二是该方法只能检测出公司是否进行盈余管理,但是无法提供盈余管理的具体手段及程度;三是该方法的核心思想受到置疑。近年来许多文献提出疑问,是否能把盈余分布在零周围的不连续性归于盈余管理,Beaver 和 McNichols(2007)的研究结果显示,在美国,所得税和特殊项目对于盈利和亏损企业的不对称处理可以解释三分之二的盈余分布的不连续性;Durtschi 和 Easton(2005)指出盈余分布在零处的不连续性是受到除数(股价或市场资本)、样本选择偏差、零左右两边观察值的特征差异(市场定价和分析师乐观主义/悲观主义差异)的共同影响,并不能必然归于盈余管理。

3.3 盈余管理计量方法运用现状分析

3.3.1 国外盈余管理计量方法运用现状

McNichols(2000)对1993年—1999年期间在国外八大会计顶级期刊[1]发表的55篇有关盈余管理的实证文献进行了调查，发现有25篇使用总体应计利润法，有10篇使用具体应计利润法，1篇使用盈余分布法，另外还有20篇使用其他方法，包括总体应计4篇，资产销售和资产注销4篇，会计改变5篇，非正常损益2篇，研发支出的改变1篇等。为了进一步分析1999年以后的盈余管理计量方法的使用情况，笔者收集了2000年—2006年在这8大会计学术期刊上发表的有关盈余管理的实证文献，总共收集到74篇文献，对文献所使用主要盈余管理计量方法进行了分类统计，结果见表3-1。

表3-1 国外八大会计期刊盈余管理实证文献使用主要方法统计
（2000年—2006年）

	总体应计利润法	具体应计利润法	实质盈余管理法	盈余分布法	合计
篇数	42	16	6	13	77*
比率	54.55%	20.78%	7.79%	16.88%	100%

注:*文献总共是74篇,其中有三篇同时使用了两种方法。

因为本书主要介绍四种盈余管理计量方法，故笔者所使用的统计口径与McNichols略有不同,本书把总体应计的计量归于总体应计利润法,把会计改变、非经常损益的计量归于具体应计利润法,把资产销售、研发支出的改变归于实质盈余管理计量,但在McNichols论文中,这些计量方法是单独列示的。将McNichols的1993年—1999年数据与本书的2000年—2006年统计数据对比可以看出,总的趋势是没有变化的,仍是总体应计利润模型使用最多,其次是具体应计利润法,比较明显的改变是盈余分布方法的使用在显著增加,原因是盈余分布法是1997年

---

① 八大期刊具体包括:the Accounting Reviews,Contemporary Accounting Research,Journal of Accounting and Economics,Journal of Accounting,Auditing and Finance,Journal of Accounting and Public Policy,Journal of Accounting Research,Journal of Business Finance and Accounting,Review of Accounting Studies.

才由 Burgstahler 和 Dichev 提出,因此在 1993 年—1999 年的统计中使用数目少(只有 1 篇),但由于应计模型难以克服的计量误差问题,2000 年以后研究人员开始较多的使用盈余分布法(13 篇)。另外从 McNichols 提供的数据可以看到,实质盈余管理计量研究起步很早,在 1999 年以前的文献中就有关资产销售论文四篇和调整研发支出开支的论文一篇,但笔者对 2000 年—2006 年研究文献所用计量方法统计中,也只发现有 6 篇对实质盈余管理行为进行计量与研究,说明实质盈余管理计量依然没有得到实证研究者的青睐,原因可能有两个方面,一方面是主流研究者把盈余管理定义界定在 GAAP 范围内通过会计估计和会计方法的改变所进行的应计操纵,没有把实质盈余管理纳入研究视野;另一个原因可能是目前实质盈余管理计量虽然引起了研究者的关注,但由于效率性的业务构建与机会主义的业务构建很难合理区分与量化,因此在实质盈余管理研究上停滞不前。

3.3.2　国内盈余管理计量方法运用现状

中国上市公司特殊的股权结构和不完善的治理结构以及滞后的、行征管理式的监管政策和手段使得上市公司普遍存在首发、配股、避免亏损、避免 ST 和"摘牌"的盈余管理动机。为了了解当前国内盈余管理实证研究所使用的具体计量方法,笔者对于 1998 年—2006 年发表在《经济研究》、《会计研究》、《中国会计与财务研究》、《财经研究》的文献进行了统计,统计结果见表 3-2[①]:

从文献统计数据来分析,可以得出以下几个结论:国内对于盈余管理大多集中于规范分析,对盈余管理的实证研究数量偏少;从方法的运用来看,基本趋势与西方类似,总体应计利润法占绝对比重,但也有一些不同的特征,最明显的差异就是线下项目的计量。由于严格的监管体系,西方的盈余管理主要通过线上项目进行,对线下项目关注很少,但中国特有的制度背景,使得大量的操纵是通过投资、联营、资产处置、债务重组、甚至政府补贴等方式,而这些操纵主要影响线下项目,因此大量的研究选择非核心收益率来度量中国公司的盈余管理程度。线下项目指收益表中营业利润以下的项目,包括投资收益、营业外收支净额和补贴收入等。线下项目的形成复杂,有些是应计操纵所致,有些是真实盈余管理所产生,但也有相当一部分是企业正常经营活动所形成的。不区分线下项目的形成来源,笼统以非核心经营收益率来衡量企业盈余管理水平,会导致计量偏差。夏立军(2004)在

---

① 选择这四种期刊做统计,一方面是考虑到期刊的权威性,另一方面是考虑到不同的期刊对文献类型的偏好不同,为了扩大统计样本,所以选择这四种对实证研究比较关注的权威期刊进行统计。

比较研究现有盈余管理计量模型在中国股票市场上的使用效果时,指出直接使用线下项目作为非正常性应计利润不能揭示盈余管理,另外实质盈余管理计量在笔者所统计的文献中并无人涉及,说明实质盈余管理计量在我国还是比较空白的一个领域。

表3-2 国内四大会计期刊盈余管理实证文献使用主要方法统计
(1998年—2006年)

期刊	总体应计利润法	具体应计利润法	实质盈余管理计量	盈余分布法	线下项目计量	合计
《经济研究》	1	0	0	1	0	2
《会计研究》	8	3	0	1	3	15
《中国会计与财务研究》	3	0	0	0	0	3
《财经研究》	3	1	0	0	1	5
总计	15	4	0	2	4	25*
比率	60%	16%	0	8%	16%	100%

注:*总共是24篇文献,有一篇文献同时使用了两种方法。

3.4 总体应计利润模型检测盈余管理能力的实证研究

上述分析表明,总体应计利润法虽然不是一个完美的方法,但目前来看仍是中西方研究文献的一个主流,而且它的适用性与普遍性要强于其他各种方法,因此可以预见国内未来的研究仍然会以总体应计利润法为主。

西方研究学者提出了众多的总体应计利润模型,不同模型的检验效果存在差异,哪一种模型更适合中国资本市场还是一个悬而未决的问题。本部分运用统计模拟的方法,通过测试各模型产生第一类错误和第二类错误的频率,比较基本琼斯模型、修正琼斯模型、无形资产琼斯模型、前瞻性修正琼斯模型、收益匹配琼斯模型、现金流量琼斯模型、非线性琼斯模型等七种常用的截面操纵性应计利润模型在中国资本市场的检验效果。

3.4.1　文献回顾

西方研究学者对各模型的盈余管理检测能力进行了许多实证检验，总体来看，检验模型各异，方法各异，导致研究结论也不尽相同。

首先，从检验的模型来看，随着各操纵性应计模型的相继提出，研究者的检测范围在不断更新与扩大。早期的研究主要是对非琼斯类模型和传统的琼斯类模型所进行的检测，例如 Dechow 和 Sloan(1995)所进行的研究是最早的尝试，他们检验了 Healy 模型、DeAngelo 模型、琼斯模型、修正的琼斯模型以及产业模型的检测效果；近期的研究关注于扩展的琼斯模型和非线性的琼斯模型，例如 Ball 和 Shivakumar(2006)比较研究了基本琼斯模型、修正琼斯模型、具有现金流量的琼斯模型以及非线性琼斯模型的检测能力。

其次，从检测的方法来看，主要有三类。第一类方法是运用随机抽样和模拟操纵的方法，检验各种模型的第一类错误和第二类错误发生频率。运用这一类方法比较典型的研究是 Dechow 和 Sloan(1995)的研究。第二类方法是检测各种操纵性应计利润计量模型的应计预测的准确性。运用这一方法比较典型的研究是 Thomas 和 Zhang(2000)。他们检测了三个指标，预测误差的分布、预测误差平方的排序、预测期的伪 R^2 比较。第三类方法是检测操纵性应计与其他变量之间的相关性来检验各种总体应计模型检测盈余管理的能力，典型的研究是 Guay 和 Kothari(1996)对操纵性应计与股票回报之间相关性的研究，以及 Bartov(2000)对操纵性应计与审计意见的相关性研究。

最后，从研究的结论来看，一方面，总体上认为现有的各种计量模型均存在计量误差，检测盈余管理的能力不高。例如 Thomas 和 Zhang(2000)的研究表明，一个简单的假设非流动应计等于上年总资产的−5%，而流动应计等于上年总资产的0%的幼稚模型(naive model)要优于大多数模型。但另一方面，研究也表明，各模型检测效果具有相对的优劣。Dechow 和 Sloan(1995)的研究结果表明修正琼斯模型要优于 Healy 模型、DeAngelo 模型、基本琼斯模型；Ball 和 Shivakumar(2006)的研究结果揭示包括不对称利得和损失确认的非线性琼斯模型，相对于其线性形式，解释了显著更多的应计的变化。

盈余管理是国内上市公司中普遍存在的现象，在国内盈余管理的实证研究中，操纵性应计利润法的使用也很普遍。国内有一些研究人员对各应计模型在中国资本市场上的效用进行了检验，但结论并不一致。夏立军(2003)通过各模型估计的操纵性应计与企业是否具有边际 ROE 的相关性分析,认为分行业估计并且采用线下项目前总应计利润作为因变量估计行业特征参数的截面琼斯模型能够较好地揭示公司的盈余管理;周铁等人(2006)通过检验比较各模型的第一类错误和第一类错误的发生,建议总应计利润应采用财务费用修正的净利润与经营现金流量之间的差额来计算;张雁翎和陈涛(2007)通过各应计模型产生第一类误差的频率、预测误差的大小以及是否存在短期效应三种方法进行检验,发现前瞻性修正的琼斯模型在中国证券市场检验盈余管理行为的效力最强。这些研究都各具特色,但这些研究也存在一些不足,一是样本量偏小,夏立军的研究运用的是 2000年的上市公司的截面数据;周铁等的研究选择的是 1999—2003 年数据,但局限于制造业的上市公司;张雁翎等的研究运用的是随机抽取的 1000 家被并购的上市公司。样本量偏小,可能削弱结论的外在有效性。二是检测的模型范围各异,主要集中于西方早期盈余管理研究所提出的基本和扩展的琼斯模型。夏立军的研究检验了基本琼斯模型、修正琼斯模型、带无形资产和长期资产的琼斯模型、带长期投资的琼斯模型、带无形资产和长期资产修正的琼斯模型、带长期投资的修正的琼斯模型、修正的 KS 模型、带长期投资调整的 KS 模型等八种模型;周铁等的研究仅仅测试的是传统的截面修正的琼斯模型和其提出财务费用修正后的截面修正的琼斯模型;张雁翎等的研究比较了 Healy 模型、DeAngelo 模型、琼斯模型、修正琼斯模型、KS 模型和前瞻性修正琼斯模型等六种模型。这些研究所检测的模型范围差异较大,检测结果不便相互比较,并且目前西方盈余管理实证研究中运用较多的现金流量琼斯模型以及非线性琼斯模型没有涉及,模型的选取不具有代表性。

3.4.2　研究设计

依据上述的文献分析,本书立足从检测模型的选取、研究样本的选择,以及检测方法的运用三个方面进行一些有益的尝试。

3.4.2.1　检测模型的选取

为了提高被检测模型选择的代表性,本书选取在以往西方操纵性应计利润模型检测的实证研究中被证实为较优,并且在我国盈余管理实证研究中运用较为普遍的七个截面模型,包括基本琼斯模型、修正琼斯模型、无形资产琼斯模型、收益匹配琼斯模型、前瞻性修正琼斯模型、现金流量琼斯模型以及非线性的琼斯模型。这七个模型的基本内容见表 3-3。

表 3-3　七个被检测的操纵性应计利润模型公式表

模型	模型的理论依据	模型公式
基本琼斯模型	Jones(1991)提出,非操纵性应计主要受两个因素影响,营业收入变动和固定资产水平。营业收入的变动会带来营运资本变动导致企业的应计利润变动,固定资产会产生折旧从而带来应计利润的减少。	$\dfrac{TA_t}{A_{t-1}} = \beta_0 + \beta_1 \dfrac{\Delta REV_t}{A_{t-1}} + \beta_2 \dfrac{PPE_t}{A_{t-1}} + \varepsilon_t$
修正琼斯模型	Dechow(1995)认为管理人员可以利用信用销售来操纵应计,因此要从营业收入变动中扣除应收账款的变动。	$\dfrac{TA_t}{A_{t-1}} = \beta_0 + \beta_1 \dfrac{\Delta REV_t - \Delta REC_t}{A_{t-1}} + \beta_2 \dfrac{PPE_t}{A_{t-1}} + \varepsilon_t$
无形资产琼斯模型	陆建桥(1999)认为无形资产会通过其摊销额影响应计水平,因此要在琼斯模型中引入无形资产(IA)变量。	$\dfrac{TA_t}{A_{t-1}} = \beta_0 + \beta_1 \dfrac{\Delta REV_t}{A_{t-1}} + \beta_2 \dfrac{PPE_t}{A_{t-1}} + \beta_3 \dfrac{IA_t}{A_{t-1}} + \varepsilon_t$
前瞻性修正琼斯模型	Dechow 和 Dichev(2002)指出,修正琼斯模型需要进行三大调整:第一,部分赊销是正常的营销行为,要从应收账款变化中扣除这部分正常的赊销,这通过估计参数 k(应收账款变化对销售收入的变化的斜率系数)加以实现;第二,总应计是自相关的,因此模型中应加入滞后总应计变量;第三,模型中应加入销售增长变量,因为销售增长所带来的存货增加、总应计提高,是管理者对未来销售增长的理性反应。	$\dfrac{TA_t}{A_{t-1}} = \beta_0 + \beta_1 \dfrac{\Delta REV_t - (1-k)\Delta REC_t}{A_{t-1}} + \beta_2 \dfrac{PPE_t}{A_{t-1}} + \beta_3 \dfrac{AT_{t-1}}{A_{t-1}} + \beta_4 \dfrac{GR-REV_{t+1}}{A_{t-1}} + \varepsilon_t$ $\Delta REC = \alpha + K \times \Delta REV + \varepsilon$
现金流量琼斯模型	Dechow 和 Dichev(2002)认为企业当期应计水平负相关于同期经营现金流量而正相关于过去和未来的经营现金流量,因此把连续三年的现金流量加入琼斯模型。	$\dfrac{TA_t}{A_{t-1}} = \beta_0 + \beta_1 \dfrac{\Delta REV_t}{A_{t-1}} + \beta_2 \dfrac{PPE_t}{A_{t-1}} + \beta_3 \dfrac{CFO_{t-1}}{A_{t-1}} + \beta_4 \dfrac{CFO_t}{A_{t-1}} + \beta_5 \dfrac{CFO_{t+1}}{A_{t-1}} + \varepsilon_t$
收益匹配琼斯模型	Kothari(2005)等认为企业业绩与应计水平之间有相关性,有两种作法去控制业绩与企业应计之间的相关性,一种是为每一个样本企业找到一个业绩匹配的企业;另一种作法是在传统的琼斯中引入业绩变量(ROA),本书采用第二种作法。	$\dfrac{TA_t}{A_{t-1}} = \beta_0 + \beta_1 \dfrac{\Delta REV_t}{A_{t-1}} + \beta_2 \dfrac{PPE_t}{A_{t-1}} + \beta_3 \dfrac{ROA_t}{A_{t-1}} + \varepsilon_t$

续表

非线性琼斯模型	Ball 和 Shivakumar(2006)指出会计谨慎性对于利得和损失确认的不对称性,导致应计和企业业绩之间存在非线性相关性,因此需要在传统的琼斯模型中,引入代表损失的哑变量 DVAR 来反映这种非线性关系。	$\dfrac{TA_t}{A_{t-1}} = \beta_0 + \beta_1 \dfrac{\Delta REV_t}{A_{t-1}} + \beta_2 \dfrac{PPE_t}{A_{t-1}} + \beta_3 \dfrac{DVAR_t}{A_{t-1}} + \beta_4 \dfrac{CFO_t \times DVAR_t}{A_{t-1}} + \varepsilon_t$

注:TA_t:企业第 t 年总应计,用第 t 年营业利润减去第 t 年经营活动现金流量;$\triangle REV_t$:企业第 t 年主营业务收入的变化,用第 t 年主营业务收入减去第 $t-1$ 年主营业务收入;$\triangle REC_t$:企业第 t 年应收账款变化,用第 t 年应收账款减去第 $t-1$ 年的应收账款;PPE_t:企业第 t 年固定资产账面原值;IA_t:企业第 t 年无形资产账面价值;TA_{t-1}:企业第 $t-1$ 年总应计,用第 $t-1$ 年营业利润减去第 $t-1$ 年经营现金流量;GR_REV_{t+1}:企业第 $t+1$ 年销售增长率,用第 $t+1$ 年的主营业务收入与第 t 年的主营业务收入之差除以第 t 年的主营业务收入;K:应收账款变化对主营业务收入变化的分行业回归的斜率系数;CFO_t:企业第 t 年经营现金流量;CFO_{t-1}:企业第 $t-1$ 年经营现金流量;CFO_{t+1}:企业第 $t+1$ 年经营现金流量;ROA_t:企业第 t 年的资产净利率,用第 t 年净利润除以第 t 年平均资产总额;$DVAR_t$:代表损失的哑变量,当 CFO 小于零时,它等于 1,反之为零。(为了消除规模效应,除常数项以外,以上所有变量都用上年总资产 A_{t-1} 进行标准化处理)。

3.4.2.2 样本的选取

为了扩大研究结论的有效性范围,本书扩大了样本的选择范围,以 1999—2006 年的中国上市 A 股公司为总体样本,并进行了必要的筛选和处理。选取 1999 年作为研究起点,是由于现金流量琼斯模型中需要使用连续三年的现金流量,而我国从 1998 年上市公司才开始公布现金流量表;从 2007 年开始上市公司使用新的企业会计准则,会计报表项目与内容变动较大,为了增强可比性,减少结构性偏差,故选择 2006 年作为研究终点。所有数据均来源于 wind 金融数据库,数据处理使用的是 STATA 和 EXCEL 软件。总体样本筛选和处理原则如下:

①选取 1999—2006 年上市的 A 股公司;②剔除金融保险行业的上市公司,因为同其他行业相比,金融保险行业的应计利润具有特殊性;③剔除各年度的 ST、PT 公司,因为这些公司有明显的保牌的盈余管理动机;④剔除各应计模型必要数据缺失的公司;⑤为减少奇异值的影响,剔除应计模型中各连续变量三倍标准差以外数据的样本公司;⑥截面回归要求每年度每个行业样本至少要达到 10 个,对没达到 10 个样本的行业进行必要的合并与删除。本书删去了 B(采掘业)、L(传播与文化业)行业,并将 C2(制造业—木材家具业)并入 C9(制造业—综合类)行业。总体样本具体筛选过程如表 3-4 所示,最后得到 6756 个企业/年度观察值,

分年度和分行业的样本具体结构如表 3-5 所示。各行业年度样本数均超过 10,
满足分年度分行业截面回归模型的数据要求。

表 3-4 总体样本筛选过程

年度	全部上市A股公司	剔除金融类样本公司	剔除ST、PT 样本公司	剔除应计模型中必要变量数据缺失的样本公司	剔除连续变量三倍标准差以外的样本公司	行业调整剔除样本公司*	最后得到的样本公司
1999	868	11	66	44	63	14	670
2000	1004	12	55	96	66	16	759
2001	1083	12	51	108	76	19	817
2002	1154	13	56	190	70	21	804
2003	1221	15	70	193	53	19	871
2004	1321	15	73	190	91	20	932
2005	1335	15	47	47	188	25	1013
2006	1400	17	114	216	143	20	890
合计	9386	110	532	1084	750	154	6756

*注:删去 B、L 行业,并且将 C2 并入 C9。

表 3-5 分年度和分部门的样本数

部门	1999	2000	2001	2002	2003	2004	2005	2006	均值
A	10	11	20	18	17	23	27	22	18.5
C-C0	32	39	40	39	42	43	47	41	40.4
C-C1	28	30	36	34	37	36	44	47	36.5
C-C3	11	12	14	13	13	17	18	14	14
C-C4	75	88	104	101	100	112	113	102	99.4
C-C5	19	22	30	29	31	34	37	38	30
C-C6	54	72	73	73	88	90	88	73	76.4
C-C7	107	127	130	132	137	150	165	141	136.1
C-C8	42	49	51	56	61	66	79	76	60
C-C9	9	11	14	14	15	15	16	14	13.5
D	32	34	35	33	42	44	49	42	38.9

E	10	11	13	14	15	21	21	18	15.4
F	23	26	31	31	36	42	44	35	33.5
G	39	39	47	49	59	58	64	52	50.9
H	63	60	61	55	62	64	72	60	62.1
J	41	41	35	33	34	37	42	35	37.3
K	22	26	26	24	28	28	30	30	26.8
M	53	61	57	56	54	52	57	50	55
合计	670	759	817	804	871	932	1013	890	844.5

注:产业分类是引用证监会的行业分类,其中工业(C类)细分到次类。

3.4.2.3 检测方法与程序

本书在各模型效果的检测方法上是运用统计模拟测试,检测各模型产生第一类错误和第二类错误的频率来判断各模型的优劣,统计模拟测试的具体检验通过 Stata9.0 软件进行。这一方法被以前的研究广泛所使用,如 Dechow(2002)将之用于美国资本市场各模型优劣的判断,Peasnell et al.(2000)将之用于英国资本市场的模型优劣检验,Alcarria et al.(2004)将之用于西班牙资本市场的模型比较。该方法包括以下两个方面的检验:

(1)检验一:检测模型产生第一类错误的频率

统计中的第一类错误也称"弃真"错误,它是指原假设(盈余管理为零)为真,但被拒绝的错误。为了检测各总体应计模型产生第一类错误的频率,我们运用随机抽样和二项式检验的方法。具体由三个步骤构成:

①对于每一年度的样本,从中随机选择 100 个观察样本,并产生虚拟变量 Part,将随机抽取的样本计为 1,其余的样本计为 0;

②运用每一年度的剔除随机选择样本以外的剩余样本,分行业回归计算各检验模型的行业特征参数,利用行业特征参数计算该年度的所有样本的非操纵性应计,从各样本的总应计中扣除非操纵性应计得到操纵性应计 DA,然后用 Part 变量对 DA 进行回归,估计 Part 的特征参数β,并判断β系数是否统计上显著非零。

$$DA = \alpha + \beta \times Part + \varepsilon$$

③每一年度重复以上步骤 100 次,并统计各操纵性应计模型下 Part 系数显著非零的次数与频率。由于我们使用的是 1999—2006 年间共八年的数据,所以每个模型共抽样 800 次。

由于①中的观察值是随机选择的,不可能存在特定的系统的盈余管理行为,因此如果操纵性应计利润模型确定较好,其产生第一类错误的频率,即β系数在统计上非零的频率不应该显著不同于预定的显著性水平(1%或5%),我们采用二项检验(Binomial Test)来判断真实的拒绝频率是否与预先设定的显著性水平存在明显差异,根据各模型犯第一类错误的大小,判断模型设定(specification)性质是否优良。

(2)检验二:检测模型产生第二类错误的频率

统计中的第二类错误也称"取伪"错误,是指原假设(盈余管理为零)是假,但被接受的错误。其步骤相同于上面检验一,只不过事先需要人为地引入一定数额操纵到随机选择的样本中,然后再利用与上述检验一相同的步骤计算 Part 系数β在统计上显著非零的频率。由于人为引入的盈余操纵仅仅是被加入到 Part 等于1的企业中,因此如果在某操纵性应计模型下,根据检验一所得到的 Part 系数为零的原假设被拒绝的频率越大,说明该模型产生第二类错误的可能性越小,模型检测盈余管理的能力(power)越强。

为了进行全面的分析,我们实验了正向盈余管理数目从上年总资产的1%增长到5%(步长为1%)。另外,我们考虑了两种形式的盈余管理:

①费用操纵:此处的费用操纵,是指递延确认费用,递延费用会增加企业净利润。在我们所考虑的七个模型中,受费用操纵影响的变量包括:总应计(TA)和资产净利率(ROA),所以只需要事先将上年总资产的1%到5%的盈余管理数量反映到被随机选择样本的总应计和资产净利率中,并按照上述检验一的步骤进行回归,计算 Part 系数为零的原假设被拒绝的频率,来判断模型相对优劣。

②收入操纵:此处的收入操纵,是指提前确认收入,提前确认收入会带来收入、应收账款和企业净利润的同时增加。在我们考虑的七个模型中,受收入操纵影响的变量包括:总应计(TA)、主营业务收入变化($\triangle REV$)、应收账款变化($\triangle REC$)、资产净利率(ROA)、未来销售增长率(GR_REV)、以及应收账款变化对主营业务收入变化回归斜率(K),因此要事先将上年总资产的1%到5%的盈余管理数量反映到被随机选择样本的上述变量中,再按照上述检验一的步骤进行回归,计算 Part 系数为零的原假设被拒绝的频率,来判断模型相对优劣。

3.4.3 检测结果分析

3.4.3.1 操纵性应计利润的描述性统计

由于中国资本市场建立时间不长,不适宜采用时序模型,所以我们此次测试全部运用截面模型。我们首先对全部6756个样本观察值，根据证监会的行业分类，分年度分行业按照各模型要求进行回归，计算各模型的行业特征参数，利用行业特征参数计算各样本的非操纵性应计，从总应计中扣除非操纵性应计，得到各样本企业的操纵性应计。表3-6提供了由这些模型产生的操纵性应计的描述性统计。

由于总体样本不存在系统的盈余管理，因此，我们预期各模型的操纵性应计均值和中值与零均无统计明显差异。但是从表3-6的结果来看，各模型操纵性应计的均值虽然接近于零，并且均通过双尾的 t 测试。但从中值来看，现金流量琼斯模型和非线性琼斯模型的操纵性应计没有通过符号检验。从标准差和四分位数间距来看，基本琼斯和修正琼斯模型下的操纵性应计是更加分散的。从偏度和峰度系数来看，除现金流量琼斯模型和非线性琼斯模型是左偏外，其他模型都是右偏，峰度超过了3。操纵性应计描述性统计分析的结果表明现金流量模型和非线性琼斯模型用于中国资本市场可能存在一定的计量偏差，但该结论还有待进一步验证。

表3-6 操纵性应计描述性统计

模型	均值	标准差	25 分位	中值	75 分位	偏度	峰度
基本琼斯模型	0.0000 (1.000)	0.0707	−0.0387	−0.0003 (0.6009)	0.0384	0.1143	4.6575
修正琼斯模型	0.0000 (1.000)	0.0711	−0.0395	−0.0009 (0.3126)	0.0387	0.1321	4.6821
无形资产琼斯模型	0.0000 (1.000)	0.0698	−0.0385	−0.0004 (0.5675)	0.0381	0.0860	4.6198
业绩匹配琼斯模型	0.0000 (1.000)	0.0656	−0.037	−0.0009 (0.2579)	0.0345	0.2120	5.1019
前瞻性修正琼斯模型	0.0000 (1.000)	0.0678	−0.0373	−0.0006 (0.5349)	0.0367	0.1387	4.7423
现金流量琼斯模型	0.0000 (1.000)	0.0428	−0.0219	0.0020*** (0.0001)	0.0255	− 0.5995	5.8999
非线性琼斯模型	0.0000 (1.000)	0.0556	−0.0288	0.0052*** (0.0000)	0.0350	− 0.6795	4.7467

注:均值和中值的括号给出的是 t 检验和符号检验的 P 值,***1%下显著。

3.4.3.2　第一类错误检测结果

表 3-7 显示在随机抽取样本情况下，各模型操纵性应计与虚拟变量 Part 所进行 800 次回归中，在显著性水平分别为 5% 和 1% 下，Part 系数为零(即无盈余管理的原假设)运用单尾 t 测试被拒绝的频率。由于我们是随机抽取样本，不会出现特定的系统的盈余管理行为，预期如果模型设定较好，其真实拒绝率与显著性水平不应该存在统计差异。

由表 3-7 观察可知，基本琼斯模型、修正琼斯模型以及无形资产琼斯模型拒绝原假设的频率接近于显著性水平，并且均通过了二项检验，其真实拒绝率与显著性水平之间不存在统计差异；但收益匹配琼斯模型、前瞻性修正琼斯模型、现金流量琼斯模型、非线性琼斯模型拒绝原假设的频率与测试的显著性水平存在统计差异，尤其是在负向的盈余管理的检测上，真实拒绝率与显著性水平之间差异性更大。检测结果表明，当被运用到随机抽取的样本时，基本琼斯模型、修正琼斯模型和无形资产琼斯模型产生第一类错误较少，模型设定较优，其他模型均存在计量偏差，模型设定存在问题。

表 3-7　单尾 T 测试下盈余管理为零的原假设被拒绝的频率(随机抽样样本)

原假设	盈余管理≥0		盈余管理≤0	
显著性水平	5%	1%	5%	1%
基本琼斯模型	5% (0.523)	0.875% (0.688)	5.88% (0.146)	1.25% (0.283)
修正琼斯模型	5.5% (0.279)	1.25% (0.283)	5% (0.523)	1.13% (0.407)
无形资产琼斯模型	5.75% (0.185)	1.13% (0.407)	5.75% (0.185)	1.38% (0.183)
收益匹配琼斯模型	5.5% (0.279)	1.25% (0.283)	6.5% (0.035)**	1.13% (0.407)
前瞻性修正琼斯模型	6.5% (0.035)**	1.375% (0.183)	7%*** (0.008)	2%*** (0.008)
现金流量琼斯模型	8.25% (0.000)***	2.25%*** (0.002)	8%*** (0.000)	1.75%*** (0.003)
非线性琼斯模型	5.88% (0.146)	1.38% (0.183)	10%*** (0.000)	3.88%*** (0.000)

注:括号里给出的是各模型拒绝率与显著性水平(5%或者1%)是否存在显著差异的二项式单尾检验的 P 值。**5%下显著，***1%下显著。

3.4.3.3 第二类错误的检测结果

表 3-8 和表 3-9 分别列示了在显著性水平为 5% 和 1% 下，相对于人为引入的上年总资产的 1% 到 5% 的正向盈余管理，各模型操纵性应计与虚拟变量 Part 所进行 800 次回归中，在单尾 t 测试下，Part 系数为零（即无盈余管理的原假设）被拒绝的频率。其中表 3-8 反映的是费用操纵拒绝率，表 3-9 反映的是收入操纵拒绝率。对于人为引入盈余管理的样本，Part 系数为零的原假设被拒绝的频率越大，说明该模型产生第二类错误的可能性越小，模型检测盈余管理的能力（power）越强。

表 3-8　单尾 T 测试下盈余管理为零的原假设被拒绝的频率（费用操纵样本）

显著性水平	5%					1%				
引入盈余管理比率	1%	2%	3%	4%	5%	1%	2%	3%	4%	5%
基本琼斯模型	25.8%	61%	88.9%	98.3%	99.5%	9%	34.6%	70.4%	92.8%	98.9%
修正琼斯模型	25%	60.3%	88.4%	98.5%	100%	9%	34.3%	70.3%	92%	99.3%
无形资产琼斯模型	25.1%	61.3%	87.9%	97.9%	99.5%	8.9%	36.3%	71%	92.8%	98.9%
收益匹配琼斯模型	14.8%	30.9%	50.5%	70.3%	85.9%	4.8%	12.4%	26.9%	45.9%	67.3%
前瞻修正琼斯模型	25.8%	60.4%	88.5%	98.3%	99.6%	10.3%	37.5%	72.1%	93%	99%
现金流量琼斯模型	54.4%	91.4%	99.4%	100%	100%	31.4%	80.1%	98.8%	99.9%	100%
非线性琼斯模型	33.8%	74.4%	94%	98%	99.1%	13.9%	50.4%	85%	96.8%	98.4%

表 3-9　单尾 T 测试下盈余管理为零的原假设被拒绝的频率（收入操纵样本）

显著性水平	5%					1%				
引入盈余管理比率	1%	2%	3%	4%	5%	1%	2%	3%	4%	5%
基本琼斯模型	24%	56.1%	84.9%	97.4%	99.4%	8%	31.1%	65.9%	89.9%	98.1%
修正琼斯模型	25%	60.4%	88.5%	98.5%	100%	9.1%	34.3%	70.3%	92.8%	99%
无形资产琼斯模型	24%	59%	84.1%	97%	99.3%	7.9%	32.6%	66.4%	89.3%	98.3%

续表

收益匹配琼斯模型	38.8%	68.4%	91.9%	98%	99.5%	20.8%	44.8%	74.6%	94%	98.6%
前瞻修正琼斯模型	27.8%	63.1%	89.5%	98.8%	99.5%	10.6%	40.6%	75.3%	94.3%	99%
现金流量琼斯模型	50.1%	89.4%	98.8%	99.9%	100%	26.1%	74.9%	95.1%	99.5%	100%
非线性琼斯模型	31.6%	70.3%	91.4%	97.9%	99.1%	12.3%	47%	80.6%	95.1%	98.1%

为了直观地分析比较各模型产生第二类错误频率的差异,我们利用表3-8和表3-9的数据,描述了引入的人为盈余管理比率与各模型拒绝率的散点图。如图3-1所示。

从图3-1引入盈余管理数额与各模型拒绝率散点图可以看出,除收益匹配琼斯模型以外,总体上,各模型检测盈余管理的能力都较好。具体的,当人为引入的应计操纵接近上年总资产的4%以上时,无论是对收入操纵还是费用操纵,在显著性水平为5%或1%下,除了收益匹配琼斯模型以外,其它模型的拒绝率都超过90%。这一点显著超过 Dechow(1995)所使用的时间序列的琼斯模型检验结果。Dechow(1995)年的研究发现,时序模型在5%的盈余管理水平上,识别盈余管理的频率不到30%,只有当盈余管理的水平达到总资产的50%以上时,才能基本全部识别。本书的这一结论与 Peasnell et al.(2000)使用英国截面数据得出的结论相似,这实际上说明在琼斯模型中使用截面数据的效果更优。

同时各模型的相对检测能力存在明显差异。在费用操纵检测上,现金流量琼斯模型检验能力最强、非线性琼斯模型紧居其后,基本琼斯模型、修正琼斯模型和无形资产琼斯模型以及前瞻性修正琼斯模型产生了非常相似的结果,它们的折线几乎重合,而收益匹配琼斯模型检测能力最弱,居于最后。在收入操纵检测上,现金流量琼斯模型、非线性琼斯模型依然表现最优,收益匹配琼斯模型跃居第三,前瞻性修正琼斯模型、修正琼斯模型、无形资产琼斯模型以及基本琼斯模型的线不再重合,前瞻性修正琼斯模型和修正琼斯模型的线明显高于基本琼斯模型和无形资产琼斯模型,这印证了 Dechow(1995)的结论,即修正琼斯模型是更加适合于收入为基础的盈余操纵。

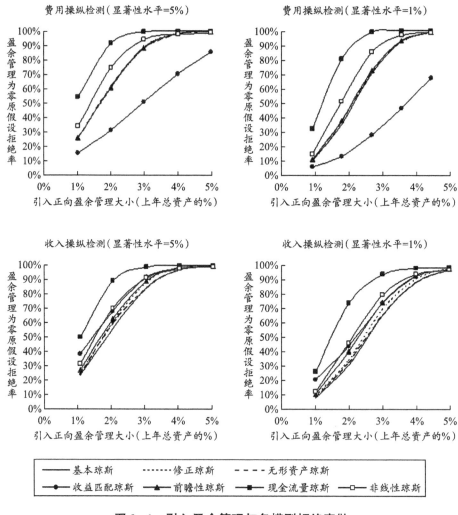

图 3-1 引入盈余管理与各模型拒绝率散

3.4.4 研究结论与局限

本研究运用统计测试的方法,通过随机抽样和人为模拟的具体程序,检测比较各模型产生第一类错误和第二类错误的频率,评估基本琼斯、修正琼斯、无形资产琼斯、收益匹配琼斯、前瞻性修正琼斯、现金流量琼斯和非线性琼斯这七个截面模型检测盈余管理的能力。基本结论如下:

(1)从各模型所计算的操纵性应计的总体分布来看,现金流量琼斯模型和非线性琼斯模型所计算的操纵性应计的中值在统计上显著异于零,说明现金流量琼斯模型和非线性琼斯模型用于中国资本市场可能存在一定的计量偏差。

（2）比较各模型产生第一类错误的频率发现,基本琼斯模型、修正琼斯模型以及无形资产琼斯模型对原假设的拒绝率都接近于显著性水平,二项检测表明这两者之间不存在统计差异。其他模型均存在差异。说明在中国证券市场上,基本琼斯模型、修正琼斯模型以及无形资产琼斯模型在模型设定(specification)方面要优于其他模型。

（3）比较各模型产生第二类错误的频率发现,在检测人为引入的收益上升的盈余管理中,无论是收入操纵还是费用操纵,现金流量琼斯模型和非线性琼斯模型检测能力最强;基本琼斯模型、修正琼斯模型、前瞻性修正琼斯、无形资产琼斯模型的检测能力要次之,并且其各自的相对能力要依赖于被检测的应计操纵类型,在收入操纵检测上,前瞻性修正琼斯、修正琼斯模型要比基本琼斯、无形资产琼斯模型更加有力,但在费用操纵检测上,四者几乎相同;收益匹配模型在费用操纵检测上,能力较弱,与上述模型的检验能力存在较大差距。

综合上述实证结果,从各检验模型所犯第一类错误和第二类错误可能性的综合考虑,本书发现,在中国资本市场上,基本琼斯模型、修正琼斯模型和无形资产琼斯模型相对较优,它们所犯第一类错误和第二类错误的频率较小,但在收入操纵检测上,修正琼斯模型检验能力更突出;现金流量琼斯模型、非线性琼斯模型虽然检验盈余管理的能力较强,但是存在较为严重的第一类错误,易夸大中国上市公司盈余管理的程度。前瞻性修正琼斯模型计算复杂,存在第一类错误,而且检验盈余管理的能力上比修正琼斯模型没有明显的提高;收益匹配琼斯模型对于费用操纵的检验能力较差。

综合本部分检测结果,本书认为在中国证券市场上,分年度分行业回归的截面修正琼斯模型在模型的设定和盈余管理的检验能力方面表现更佳,建议未来的盈余管理实证研究以该方法为主。本书的研究结论也印证高大为和魏巍（2004）的观点,即在传统的基本琼斯、修正琼斯模型中加入较多的主导变量,可能会造成回归模型的多重共线性,反而可能降低模型的使用效果。本研究存在的一个局限是对于第二类错误的检测,是通过人为引入收入操纵和费用操纵,它的形式可能与实际的盈余操纵方式存在差异,需要通过后续对现实盈余管理行为的检测能力的评估来进行完善。

3.5 IPO公司盈余管理计量模型的选择

通过对现有盈余管理计量模型的梳理以及对总体应计利润模型检测盈余管理能力的实证分析,笔者认为对于中国IPO公司盈余管理计量模型选择应该注意以下问题。

3.5.1 选择合适的总体应计利润法模型

总体应计利润法下,提出了众多的模型,包括:Healy模型、DeAngelo模型、Jones基本模型、Jones截面模型,Jones修正模型等。由于各模型内在的非操纵性应计的假设与处理不同,导致各模型检测盈余管理能力不尽相同。从模型的相对检测能力比较来看,Dechow(1995)运用被SEC审查企业的数据,得出结论修正的琼斯模型检测能力相对较优;而Kothari等人认为业绩匹配的琼斯模型能解决原有模型所忽略的业绩与应计相关问题。从国内学者的研究来看,夏立军(2003)鉴于中国上市公司有强烈的盈余管理配股动机,利用各模型估计的操纵性应计与企业是否具有边际ROE进行相关性分析,研究发现认为,在中国证券市场上,相对其他模型来说,分行业估计并且采用线下项目前总应计利润作为因变量估计行业特征参数的截面琼斯模型能够较好地揭示公司的盈余管理;而本书运用统计模拟的方法,通过测试各模型产生第一类错误和第二类错误的频率,发现截面修正琼斯模型在模型的设定和模型的检验方面表现更加突出。由于上述研究所使用的方法、样本的选择不尽相同,导致结论有所差异。不过综合上述研究文献,表明Jones模型、修正Jones模型以及业绩匹配的Jones模型是相对较好的总体应计利润模型,未来的盈余管理研究建议使用这几种方法。

3.5.2 谨慎利用总体应计利润法的结果

虽然总体应计利润法是目前盈余管理研究的所用计量方法的主流,但研究者在选择这种方法时,要警惕这种方法的计量误差可能会导致拒真纳伪的研究错误。在使用总体应计利润法时,不能过分相信单一模型所得出的研究结论,应采用多种模型进行敏感性测试,减少应计模型的噪音所导致的推论错误;同时,文献已经证明,正常的总体应计利润除了受销售收入变化、固定资产的影响以外,还受到许多其他因素影响,包括企业业绩、规模、负债水平等(Dechow,1995),在运用总体应计利润法所计量的盈余管理做回归分析时,应考虑这些控制变量,减少企业特征的异质性对盈余管理水平的影响。

3.5.3　扩大实质余管理计量模型的使用

实质盈余管理是一种新的盈余管理手段,虽然实质盈余管理会损害企业未来价值,操纵成本高,但由于应计操纵程度受会计规范弹性空间所限,而且后安然时代监管机构对应计操纵的日益关注与监控,使得实质盈余管理也成为一种越来越常见的手法。由 Graham 和 Harvey(2001)对 401 个财务经理所作的问卷与面谈调查发现,财务经理更愿意通过真实决策活动而不是应计操纵来管理盈余,大约有80%的被调查者表示他们愿意减少 R&D,广告,和维持费用的支出去满足盈余目标,而只有 7.9%的被调查者选择改变会计假设(例如备抵、养老金等)来管理盈余。这一调查数据说明目前文献对于实质盈余管理的实证研究是远远滞后于实际需求的,盈余管理的研究重心应从单纯关注应计操纵转向对于实质盈余管理活动的研究。

综合考虑这几点要求,本书第 5 章盈余管理动因的实证检验中,在选择总体应计利润模型时,以修正琼斯模型为主,但敏感性分析中也运用业绩匹配琼斯进行测试,同时在进行多元回归时,选择合适的业绩控制变量,以增强研究结论的稳健性。本书第 6 章 IPO 公司盈余管理治理机制的实证研究,不仅使用了传统的应计利润法来衡量IPO公司应计盈余管理水平,而且运用了实质盈余管理法来计量IPO公司实质性盈余管理水平,并实证检验了这两种盈余管理方式的相互替代效应,以增强对 IPO 公司盈余管理程度与方式的全面理解。

第4章
IPO 公司盈余管理动因的实证检验

盈余管理源起于委托代理双方的"契约磨擦"和"沟通磨擦"(Schipper,1989)，IPO 市场是一个特殊的市场，发行双方之间存在着突出的"契约磨擦"与"沟通阻碍"，因此导致 IPO 公司盈余管理是国内外资本市场一个普遍存在的现象(林舒和魏明海,2000)。现有的盈余管理研究已经广泛接受在一个非有效市场,盈余管理可以偏差市场对于企业价值判断的观点，但是盈余管理的信号功能通常被忽略。本部分利用"承销商声誉"划分好企业与差企业，对 IPO 公司盈余管理水平与 IPO 后长期业绩相关性进行实证检验，探讨 IPO 公司盈余管理究竟是误导投资者还是向投资者传递有价值的信息，从而为盈余管理的机会主义观与信号观的争议提供一个可能的解释。

4.1　文献回顾

大量的研究报告了围绕 IPO 发行的异常应计模式(Friedlan,1994;Teoh et al. 1998)，但有关于这一异常应计特征的解释是不一致的。

一种观点认为，IPO 企业的特征是发行企业和投资者之间存在高度的信息不对称(Leland & Pyle,1977;Carter & Manaster,1990)，由于投资者取得发行企业信息的途径有限，他们将大大依赖于招股说明书，而不管它仅仅是提供有限的信息，因此发行企业的管理人员有潜在动机去操纵盈余，提高发行价格，提升成功发行的可能性。Titman 和 Trueman(1986)的研究发现招股说明书中提供的信息与 IPO 发行价格之间存在正相关性，而 Friedlan(1994)和 Tech et al.(1998a)的研究发现在 IPO 发行之前，发行企业的操纵性应计有一个显著的增长，这表明发行企业夸大盈余，根据应计的反转特征，会导致企业 IPO 后的业绩不利。与这一观点一致，

Teoh et al.(1998)的研究提供了证据表明在操纵性应计和长期股票业绩之间有负的相关性。上述的研究指出并证明,IPO 公司的盈余管理是一种机会主义行为。

由于不认同传统的机会主义盈余观,Fan(2007)提出一个信号模型对 IPO 盈余管理行为进行理论解释,该研究是对 Leland 和 Pyle(1977)年所提出的单变量信号模型的延深。在 IPO 市场,内部人(企业家,管理者)与外部投资者之间存在严重的信息不对称,为了解决信息不对称所导致的逆向选择问题,Leland 和 Pyle (1977)提出一个单一信号模型——内部人持股。Fan(2007)进一步指出,除了内部人持股可以作为企业价值的有效信号以外,还存在第二个信号,即企业发行人的盈余管理。这是因为盈余管理是有真实经济成本,它可以有效地阻止低质量发行人的模仿。正的盈余管理就成为发行人质量分离均衡的一个有效的信号工具。对于 IPO 盈余管理信号观,除了上述理论解释以外,还有一些研究提供了直接的实证证据。Ball 和 Shivakumar(2008)认为随着企业由私人持有转向公众持有,财务报告的环境发生了改变,报告环境的变化会导致 IPO 公司财务报告更加谨慎,这一观点相反于普遍的机会主义观点。他们的实证研究发现在 IPO 前两年,相对于同期私人企业和上市的非 IPO 企业,IPO 企业的操纵性应计是更加谨慎,说明 IPO 企业没有机会主义夸大盈余。同时 Ball 和 Shivakumar 还对提出 IPO 机会主义盈余管理观的经典论文 Teoh et al.(1998)的研究结果提出置疑,认为其研究中计量盈余管理的水平的变量——操纵性流动应计的估计存在偏差,会导致研究结论错误地支持向上的盈余管理。

文献回顾表明,目前有关 IPO 公司盈余管理行为的普遍存在已得到共识,但是对其动因的理论解释,却存在机会主义与信号观之争。因此对于 IPO 盈余管理是有益的还是有害的这是一个有待回答的理论和实证问题。

4.2　研究设计

4.2.1　研究假设

由于 IPO 企业的有限信息,投资者经常很难去区分异常应计的改变,是归于差企业管理者的操纵,还是归于好企业所发出的一种信号。为了区分好企业与差企业的盈余管理动因,首先需要去区分证券发行质量与企业类型,我们认为承销商声誉可以作为一个替代变量去区分企业类型。

承销商在 IPO 发行中起到非常重要的作用,承销商作为 IPO 市场的重要参与者,不仅在定价和销售方面给予发行者提供帮助,也起着信息生产和认证中介的作用。他们为 IPO 企业提供证券营销服务,对 IPO 企业的实际财务状况进行尽职调查,帮助投资者去评估企业,承销商的声誉是证券发行的一个质量检验工具。

首先,IPO 市场的投资者面临着一个严重的信息不对称问题,当资本市场不能清楚区分的企业应计改变的本质时,承销商的声誉可以提供鉴证作用。将承销商作为 IPO 机会主义盈余管理一种外在治理机制的理论源自于 Booth 和 Smith (1986)提出的承销商认证中介理论。Booth 和 Smith(1986)认为,在企业发行新股时,由于内部人和外部人之间存在信息不对称,为解决信息不对称所导致的逆向选择问题,发行企业通过租借承销商的声誉来表明其发行价格与其内部信息和投资价值相一致,所以承销商声誉等级与 IPO 企业质量之间存在一种正相关关系。Carter 和 Manaster(1990)以及 Carter et al.(1998)的研究文献证实声誉机制是有效的,高声誉的承销商是与较低的 IPO 折价和较好的未来长期回报相联系的。国内的研究学者,郭泓和赵震宇(2006)通过实证研究承销商声誉对 IPO 定价、初始回报和长期回报的影响研究,发现承销商声誉对 IPO 初始定价和初始回报都没有影响,但是承销商声誉对 IPO 长期回报有显著的影响,承销商声誉越高,IPO 长期回报也越高,研究发现承销商声誉有助于投资者减少信息不对称,支持了声誉机制的作用。黄春玲和陈峥嵘(2007)通过发行企业质量与承销商声誉相关性的分析,发现中国 IPO 市场承销商声誉的阶段性积累已初具雏形,但还有待进一步明朗化。

第二,承销商也有约束盈余操纵程度的作用。由于承销商行为是涉及有限数目竞争者的重复活动,投资者可以很容易地进行承销商服务质量的事后评价。如果投资者在他们的 IPO 投资中曾经被承销商误导,那么承销商未来的发行将是非常困难和有代价的。因此有声望的承销商将密切地监督发行者财务信息的质量,通过有声望的审计师提供的服务去减少发行者和投资者之间的代理成本,因此,他们可以提供他们顾客可信的证明。

第三,有声望的承销商必须保持他们已经拥有的较强的"声誉资本",因此他们有较强的动机去提供质量监督,提高盈余的透明度,并且防止任何过度的盈余操纵。相反,低质量的承销商可能妥协他们的信息监督的责任,以便取得更多的承销业务。

在首次公开发行市场,发行人与潜在投资人之间存在严重的信息不对称,企业管理层直接参与生产经营,拥有关于公司经营状况和发展前景的各种信息,潜在投资者不参与经营管理,受制于成本效率原则及技术因素,无法亲自获取企业实际生产经营活动的信息,只能依据发行企业的信息披露来进行投资决策,信息不对称阻碍了信息的交流和沟通。由于企业经营环境的多变以及会计准则本身固有的刚性和不完全性,会计准则给予管理层一定的会计政策自由裁量权。允许管理层在财务报告编制过程中进行必要判断,本意是希望借由管理人员考虑公司业务状况,选择合适的报告方法,进行适当的会计估计和披露,使会计信息更具有决策价值。但会计准则的弹性也为管理层机会主义操纵打开了方便之门。无论盈余管理是作为向市场传递内部信息,使股份更好反映公司前景的信号机制,还是为了促进股票发行并抬高估价的机会主义的手段,都表明在首次公开发行市场上,盈余管理是一个非常普遍的现象。因此本章提出假设 4-1:**IPO 公司盈余管理是一种普遍策略,IPO 盈余管理水平与企业类型没有相关性。**

虽然 IPO 公司进行盈余管理是一个普遍策略,但好企业盈余管理的目的是向市场表明管理者预期会在未来取得好的经济盈余,将自身与差企业分离。差企业尽管也通过盈余管理模仿好企业,偏导市场对于它企业类型的判断而暂时受益,但是它如此做,要承受较高的惩罚成本,因此对于好企业,盈余管理是一个信号策略,而对于差企业,盈余管理是一种机会主义行为。当应计的改变是归于故意的盈余夸大时,应计的反转特征可能导致盈余管理和 IPO 后股票异常业绩之间有一个显著的负相关性,相反,当应计的改变是归于未来经营业绩的预期改变时,我们将不能预期发现任何显著负相关性。基于上述的分析,我们认为 IPO 盈余管理和随后的股票长期异常业绩之间的负相关性将仅仅针对差企业,而对于好企业这一相关性将不存在。由此我们提出假设 4-2:**对于差企业,IPO 后股票异常业绩与IPO 盈余管理水平存在显著负相关性,而对于好企业,这一负相关性将不存在。**

4.2.2　研究样本

我们样本取自于 A 股 1998—2008 年上市公司(由于回归中需要现金流量信息,因此以 1998 年作为起点,并且回归中需要计算发行后三年业绩,因此将终点定在 2008 年),排除了金融和保险业,这一选择程序导致了 906 个发行样本,进一步,包括在样本中的发行企业必须是:①同行业中有超过 10 个以上的已发行公司的企业,以便合理通过回归估计预期应计;②有足够的会计数据去估计异常应计并进行截面分析的企业。这些限制消除了 150 个样本,留下了最终 765 个发行企业样本。本书的数据来源于 Wind 金融数据库和 Csmar 系统,数据处理使用 Stata 和 Excel 软件。

样本选择过程如表4-1所示,而表4-2和表4-3则提供了样本年度和行业分布。表4-2显示我们 IPO 样本企业年度分布,除了2005年由于股权分置改革的启动,暂停了一年,导致2005年样本数偏少以外,其他各年的分布基本比较均衡。表4-3揭示我国 IPO 上市公司主要集中于制造产业,制造产业的 IPO(C1-C0)占总样本的大约64.97%。

表4-1　样本选择过程

样本选择过程	数目
初始样本数(1998—2008 年 A 股 IPO 公司)	925
减金融保险业的样本	19
减没有足够数据计算异常应计和进行回归分析的样本	150
最终样本数	765
最终样本占初始样本比重	82.7%

表4-2　样本分年度分布

年度	1998	1999	2000	2001	2002	2003	2004	2005	2006	2007	2008
数目	67	82	127	71	66	63	95	13	64	41	76
比重(%)	8.76	10.72	16.6	9.28	8.63	8.24	12.42	1.7	8.37	5.36	9.93

表4-3　样本分行业分布

产业	证监会产业代码	样本数目	比重(%)
农、林、牧、渔业	A	19	2.48
采掘业	B	22	2.88
制造业	C	497	64.97
电、煤气及水	D	33	4.31
建筑业	E	16	2.09
交通运输、仓储业	F	35	4.58
信息技术业	G	46	6.01
批发和零售贸易	H	29	3.79

续表

房地产业	J	36	4.71
社会服务业	K	16	2.09
传播及文化产业	L	5	0.65
综合类	M	11	1.44
合计		765	100%

我们样本企业的总的发行特征的描述性统计表在表 4-4,样本企业平均发行 99.5 百万股份,筹集平均资金是 614 百万,发行价格均值(中值)是 8.26(7.03),首日折价均值(中值)是 117.59%(99.74%),样本企业的平均(中值)年龄是 4.02(3.31)年,样本企业在 IPO 年度平均普通股权益账面价值是 1430 百万,账面/市场比率(B/M)均值(中值)是 0.3113(0.2857),从样本的描述性统计来看,发行股数、上市首日折价率、总资产等指标的标准差过大大,企业之间异质性较突出。

表 4-4　样本公司发行特征描述性统计

变量	均值	标准差	25 分位	中值	75 分位	最小值	最大值
发行价格(元)	8.26	4.29	5.49	7.03	9.9	1.00	36.68
发行股数(百万股)	99.5	304	30	48	70	12.5	5000
发行筹资额(百万)	614	1590	246	332	512	35	25700
上市首日折价(%)	117.59	89.65	58.37	99.74	154.82	−9	906
总市值(百万)	5040	21300	1330	2070	3520	398	508000
总资产(百万)	2930	12600	604	902	1480	189	220000
净资产(百万)	1430	4730	398	548	840	89.8	63500
账面/市场(B/M)	0.3113	0.1467	0.1984	0.2857	0.4016	0.0637	0.8895
公司成立时间	4.02	3.31	1.63	3.31	5.96	0.005	39.49

4.3 实证结果

4.3.1 假设4-1的实证检验

4.3.1.1 IPO公司盈余管理的计量

本书研究的是IPO公司在首发阶段的盈余管理行为,衡量的指标是IPO发行前一年的盈余管理水平。目前大多数西方 IPO 公司盈余管理研究, 比如 Teho, Welch 和 Wong(1998),因为 IPO 前的财务数据不容易搜集,采用的是 IPO 当年的盈余管理水平。本书认为这一计量存在一定的问题,因为中国 IPO 公司上市盈余管理的重要目的是筹措更多的资金, 而定价的依据主要是上市前的财务业绩水平,采用 IPO 当年财务报告只包括部分的上市前业绩,研究结论存在疑问。因此本书利用 IPO 公司招股说明书中所公布的 IPO 上市前一年的财务报表数据,来计量 IPO 公司盈余管理水平。我们定义 year 0 是 IPO 发行前一年。

会计盈余涉及现金流量和应计,现金流量较难被操纵,而会计应计的确认却存在相当大的主观性,应计利润模型众多,第 3 章的研究证明分年度分行业回归的截面修正琼斯模型在模型的设定和盈余管理的检验能力方面表现相对较佳,因此本书选择分年度分行业回归的截面修正琼斯模型(Dechow,1995)来计量应计利润管理。模型如方程(4-1)所示:

$$\frac{TA_t}{A_{t-1}} = \alpha_0 + \alpha_1 \times \frac{1}{A_{t-1}} + \alpha_2 \times \frac{\Delta REV_t - \Delta AR_t}{A_{t-1}} + \alpha_3 \times \frac{PPE_t}{A_{t-1}} + \varepsilon_t \qquad (4-1)$$

其中,

TA_t:企业第 t 年总应计, 有资产负债表总应计与现金流量表总应计两种计算方法。Hribar 和 Collins(2002)指出采用资产负债表计量法会把一些非收益影响的账户余额变化归于总应计利润,导致计量误差,因此本书采用现金流量表总应计,TA_t=第 t 年营业利润-第 t 年经营活动现金净流量。

ΔREV_t:企业第 t 年主营业务收入的变化,用第 t 年主营业务收入减去第 $t-1$ 年主营业务收入;

ΔAR_t:企业第 t 年应收账款变化,用第 t 年应计账款减去第 $t-1$ 年应收账款;

PPE_t:企业第 t 年固定资产账面原值;

A_{t-1}:企业第 $t-1$ 年总资产,为了消除规模效应,除常数项以上所有变量都用上一年总资产进行标准化处理。

第 0 年到第 3 年全部样本的 DA 的统计值被显示在表 4-5。从表 4-5 中,可以看出 DA 均值(中值)从上市前一年(即第 0 年)开始上升,在 IPO 发行当年(即第 1 年)达到峰点,其后就明确地稳定下降。因此,如同 Ball 和 Shivkumar(2008)指出,如果 IPO 公司 DA 的增长如果被认为是完全归于经营业绩和营运资本的变化,那么在 IPO 之后年度,不能预期观察到任何清楚的应计反转。表 4-5 的数据表明,至少有部分样本企业 DA 的上升是归于机会主义盈余管理,从而导致上市以后 DA 逐渐反转。

表 4-5　IPO 公司上市前后修正琼斯操纵性应计的统计值

时间	样本数	均值	T 值	中值
第 0 年	765	0.021	5.4353***	0.0228***
第 1 年	765	0.0322	2.885***	0.0421***
第 2 年	765	0.0195	2.6651***	0.0321***
第 3 年	764	0.0047	0.5996	0.0212***

注:均值采用 t 检验,中值采用 Wilcoxon 符号秩检验,***表示 1%的显著性水平。

4.3.1.2　承销商声誉的衡量

本书利用承销商声誉来划分企业类型。根据郭泓,赵震宇(2006)的研究,现有文献中有 3 种最具代表性的衡量方法。第一种是 Carter 和 Manaster(1990)提出的,依据 IPO 的基碑公告中承销商的排名顺序作为衡量承销商声誉,并据此对承销商的声誉进行十等级测试评法。第二种是 Johan 和 Miller(1988)提出的四等级测评法,但它实际是类似于 Carter 和 Manaster(1990)方法。第三种是 Megginson 和 Weiss(1991)提出市场份额等级法,它以证券承销市场上的市场份额作为投资银行声誉的衡量指标。

我国目前还没有研究机构能够提供像美国 Carter 和 Manaster(1990)那样的专门针对承销商声誉的排名系统,现有国内文献,对于承销商声誉等级的排名都是借鉴 M-W 方法,按照各承销商的业务量计算出来的。因此,本书也采用首发主承销商的市场份额来衡量承销商声誉,我们主要使用了 2 个指标来计算市场份额:主承销商首发承销数量和主承销商首发承销金额,主承销商市场份额等于承销家数比重与承销金额比重的平均数来计量,市场份额居于前十的,被确认为高声望的承销商,否则为低声望的承销商。

根据 wind 数据统计,1998—2008 年之间,首发主承销数量比重占前十位的公司分别:国泰君安,中信证券,申银万国,中投证券,银河证券,国信证券,中信建投,广发证券,海通证券,光大证券;按承销金额比重占前十位的公司分别是中信证券,中金公司,银河证券,国泰君安,中银国际,瑞银证券,中投证券,海通证券,国信证券,广发证券。利用承销家数与承销金额比重的平均数所计算的前十位的承销商是:中信证券,国泰君安,中金公司,银河证券,申银万国,中投证券,国信证券,中信建投,海通证券,广发证券,这"十大"也是 2011 中国证券会券商分类被评为 AA 级证券商的公司,本书将这"十大"承销商定义为高声誉承销商。

4.3.1.3 IPO 公司盈余管理水平与企业类型的单因素检验

假设 4-1 认为,IPO 公司盈余管理是一种普遍策略,它与企业类型无关。为了检测这一假设,我们首先进行了单因素分析。我们基于承销商声誉,把样本企业分为两个子样本,"十大"承销商子样本组代表的是好企业,非"十大"承销商子样本组代表的是差企业,我们首先对各子样本在上市前与上市后操纵性应计进行统计分析,结果列示在表 4-6。表 4-6 显示,无论是好企业子样本组("十大"组)还是差企业子样本组("非十大"组),上市前一年的 DA 都显著为正,具体的,好企业组的第 0 年 DA 均值是 1.427%,差企业组的 DA 均值是 3.524%,两组的均值差异 2.096% 在 10% 上统计显著,上市前一年的 DA 显著为正,说明无论是好企业还是差企业,在 IPO 前一年,都进行了收益向上的盈余管理。

表 4-7 进一步比较了好企业子样本组("十大"组)和差企业组("非十大"组)上市前与上市后异常应计均值的变化,从中可以看出,好企业和差企业子样本组的 DA 在 IPO 后虽然都下降,但是这种变化是有差异的。对于好企业子样本组,应计的改变是非统计显著,而对于差企业子样本组,应计的改变是统计显著的。对比好企业和差企业子样本组的应计变化,显示差企业组经历了更加突出的应计下降。差企业样本组所显示出的这种更加显著的异常应计反转特征,是与机会主义盈余管理的解释一致的。

表 4-6 企业类型分组子样本的上市前后 DA 统计值

	第 0 年		第 2 年		第 3 年		第 4 年	
	均值	中值	均值	中值	均值	中值	均值	中值
好企业组	0.0143	0.0176	0.0112	0.0294	0.0025	0.0178	−0.0199	0.0079
差企业组	0.0352	0.0285	0.0237	0.0339	0.0058	0.0257	−0.0045	0.0141

表 4−7   企业类型分组子样本上市后各年相对上市前一年 *DA* 均值的变化

	第 0 年		0−2 年		0−3 年		0−4 年	
	均值	T 值	差异	T 值	差异	T 值	差异	T 值
好企业组	0.0143	1.6894*	−0.0032	−0.1952	−0.0111	−0.6989	−0.0349	−1.5518
差企业组	0.0352	5.4060***	−0.0117	−1.112	−0.0296	−2.5855**	−0.0397	−3.1014***
总样本	0.0282	5.4353***	−0.0088	−0.999	−0.0234	−2.5247**	−0.0381	−3.3641***

注:均值差异检验采用 *t* 检验,*、**和***分别表示 10%、5%和 1%的显著性水平。

4.3.1.4   IPO 公司盈余管理水平与企业类型多元回归

然而,上述的单因素分析没有考虑盈余管理的其他重要决定因素,Dechow 和 Sloan(1995)的实证证据表明企业业绩、规模、成长、负债状况是与企业应计水平密切相关。为了控制这些因素的影响,我们引入企业规模(*SIZE*)、财务杠杆(*LEV*)、销售收入增长率(*GROWTH*)、行业(*INDUSTRY*)和年度(*YEAR*)为控制变量,对于盈余管理与企业类型(即承销商声誉)相关性进行了一个更进一步的测试,多元回归模型如方程(5−2)所示:

$$DA_i = \alpha_0 + \alpha_i \times TENUR_i + \alpha_2 \times SIZE_i + \alpha_3 \times LEV_i + \alpha_4 \times GROWTH_i + \sum_{m=5}^{15} \alpha_m$$
$$\times INDUSTRY + \sum_{n=15}^{25} \alpha_n \times YEAR + \varepsilon \qquad (4-2)$$

其中,

DA:因变量,修正琼斯模型所计算的 IPO 公司上市前一年的操纵性应计;

TENUR:自变量,承销商声誉虚拟变量,它是企业类型的替代变量。我们用首发主承销商的市场份额来计量承销商声誉,市场份额居于前十的,其值为 1,否则为 0;

SIZE:企业规模控制变量,用 IPO 公司上市前一年总资产自然对数来计量;

LEV:财务杠杆控制变量,用 IPO 公司上市前一年的资产负债率来计量;

GROWTH:业绩增长控制变量,用 IPO 公司上市前一年的销售收入增长率来计量;

INDUSTRY:行业虚拟变量,按证监会的分类标准,以大类为准,剔除金融保险业后,总共 12 个行业 11 个哑变量;

YEAR:年度虚拟变量,控制宏观经济影响,涉及 11 年共 10 个变量。

多元回归结果提供在表4－8中。实证结果发现,承销商声誉系数是－0.0372,但统计上并不显著。承销商声誉的统计值不显著,说明 IPO 公司的盈余管理是一种普遍存在的行为,无论是高声誉的承销商所承销的好企业,还是低声誉的承销商所承销的差企业,在上市前一年都进行了普遍的盈余管理,实证结果与假设4－1是一致的。承销商声誉系数为负的结果说明由高声誉承销所承销的好企业,其 IPO 上市前一年盈余管理水平要低于低声誉承销商所承销的差企业,这与表4－7单因素分析结果是一致的,也在一定程度上说明企业类型不同,IPO 公司的盈余操纵动机是有差异的。

控制变量的结果显示财务杠杆(LEV)和企业业绩(GROWTH)是解释应计的重要因素。GROWTH 的显著为正结果一致于 Kothari et al.(2005)的报告,他指出经营业绩是相关于操纵性应计的大小,LEV 系数表明具有较高财务杠杆的企业采取了更加谨慎性报告策略。

表4－8　IPO 公司盈余管理水平与企业类型的多元回归分析

自变量	系　数	T 值
截距	0.0332	0.07
TENUR	−0.0372	−0.96
SIZE	0.0189	0.9
LEV	−0.5927	−4.47***
GROWTH	0.4389	7.48***
INDUSTRY	控制	
YEAR	控制	
Adjust_R²	0.1705	

注:***表示1%的显著性水平。

4.3.1　假设4－2的实证检验

4.3.1.1　IPO 后股票异常业绩的计量方法

长期股票异常业绩的计量方法主要有两类:事件时间法和日历时间法。其中事件时间法是一种普遍使用的方法。从国内外现有研究来看,基于事件时间的长期异常收益率的衡量,通常有两种方法,累计异常收益率(CAR)法和购买并持有异常收益率(BHAR)法。前者在证券异常收益率研究的早期使用很广泛,而后者在 Ritter(1991)之后,成为一种更加普遍的方法。

事件时间 CAR 的计算公式如方程(4-3)和方程(4-4)所示:

$$AR_{it} = R_{it} - R_{mt} \qquad (4-3)$$

$$CAR_{iT} = \sum_{t=1}^{T} AR_{it} \qquad (4-4)$$

其中,R_{it} 是公司 i 在上市后第 t 月的月收益率;R_{mt} 是参照物(市场或匹配企业)在同月的月收益率,AR_{iT} 是公司 i 在上市后第 t 月的月异常收益收益率,而 CAR_{iT} 是公司 i 累计的 T 期异常收益率。

事件时间 $BHAR$ 的计算公式如方程(4-5)所示:

$$BHAR_{iT} = \prod_{t=1}^{T}(1+R_{it}) - \prod_{t=1}^{T}(1+R_{mt}) \qquad (4-5)$$

其中, R_{it} 和 R_{mt} 的含义与 CAR 公式是一样的,$BHAR_{iT}$ 是买入并持有公司 i 的 T 期异常收益率。

CAR 和 $BHAR$ 对应着不同的投资策略。CAR 收益率是投资者每个月都使用等额的资金投资同一证券直到期末,累计的收益超出正常收益的程度,而 $BHAR$ 收益率表示着投资者买入证券后一直持有到期末所获收益超出正常收益的程度(杨丹,林茂,2006)。Barber 和 Lyon(1997)认为 $BHAR$ 收益率更符合投资者的现实投资策略,但 Fama(1998)却认为 $BHAR$ 收益率采用复利计算,如果个别时期存在异常值,其效应会被放大,CAR 偏差更小。由于 CAR 和 $BHAR$ 各有优劣,其相对优越性在文献中仍存在争议,因此在本部分的研究中,同时运用 CAR 和 $BHAR$ 模型,并采用匹配样本企业的方法计量 IPO 后股票长期异常业绩。

我们具体数据处理如下,利用 IPO 首发后的第二个月开始到第 37 个月的月回报率,遵循 Barber 和 Lyon(1997)的方法,采用匹配样本企业方法来计算参照指标的正常收益率,然后利用 $BHAR$ 和 CAR 的计算公式来计算 IPO 公司上市后三年的超常收益率。每一个 IPO 样本企业被匹配于一个非 IPO 公司,匹配企业的选择是同行业中,与样本企业具有最接近的账面/市场比率和总市值的非 IPO 公司。如果原始的匹配企业在 IPO 企业之前下市,那么剩余期间用次优的匹配企业替代,以避免任何生存者偏差。

4.3.1.2　IPO 后股票异常业绩、IPO 公司盈余管理水平与企业类型的单因素分析

基于 IPO 公司上市前一年的操纵性应计 DA 的中值(DA 的中值为 0.021),我们将样本企业分为二个等数目的子样本,首先比较高盈余管理子样本与低盈余管

理子样本的长期异常业绩的差异,统计结果报告在表4-9中。如表4-9所示,高EM组企业的上市后三年 CAR 均值是-17.19%,显著低于低 EM 组的-4.78%(在敏感性测试中,我们也将IPO企业一分为三,发现结论保持不变),采用 BHAR 时,结果相似,高 EM 的上市后三年的 BHAR 平均是-20.18%,显著低于低 EM 组的-9.14%。表4-9的结果所显示出来的,IPO 后股票长期异常业绩与 IPO 前盈余管理之间的负相关性,一致于 Teoh,Welch 和 Wong(1998)的发现。

进一步,为了考虑企业类型对于IPO公司后股票业绩与IPO盈余管理之间相关性的影响,我们根据承销商声誉划分好企业与差企业,并根据 IPO 公司上市前一年 DA 中值的大小划分高盈余管理与低盈余管理,把总样本分为四个子样本组,即好企业/高EM子样本组,好企业/低EM子样本组,差企业/高EM子样本组以及差企业/低EM子样本组,然后对比各子样本组上市后三年 CAR 和 BHAR 差异,统计结果反映在表4-10。结果发现,对于差企业,其高 DA 子样本组的上市后三年 CAR(BHAR)的均值是-21.51%(-20.46%),而低 DA 子样本组 CAR(BHAR)均值是-9.59%(-10.01%),均值差异是-11.91%(-10.45%),在10%水平上显著。相反对于好企业,其高 DA 组和低 DA 组的上市后三年的 CAR(BHAR)并没有显著差异性。表4-10的结果显示,企业类型不同,IPO后长期异常业绩与 IPO 前盈余管理之间的负相关性是有所差异的,研究结果支持了假设4-2。

表4-9　基于盈余管理中值分组的子样本上市后三年 CAR 和 BHAR 比较

	CAR			BHAR		
	均值	差异	T 值	均值	差异	T 值
高 EM 组	-0.1719***	-0.1241	-2.535**	-0.2018*	-0.1104	-1.8548*
低 EM 组	-0.0478			-0.0914		

注:*、**和***分别表示10%、5%和1%的显著性水平。

表4-10　基于企业类型和盈余管理中值分组的子样本上市后
三年 CAR 和 BHAR 比较

	好企业组("十大")				差企业组("非十大")			
	高 EM 组	低 EM 组	差异	T 值	高 EM 组	低 EM 组	差异	T 值
CAR	-0.0694	-0.0878	0.0184	0.1980	-0.2151	-0.0959	-0.1191	-1.7094*
BHAR	0.0071	-0.1504	0.1575	0.6907	-0.2046	-0.1001	-0.1045	-1.8005*

注:表示1%的显著性水平。

4.3.1.3　IPO 后股票异常业绩、IPO 公司盈余管理水平与企业类型的多元回归

为了正确刻画企业类型对于 IPO 后股票异常业绩和 IPO 前盈余管理水平之间相关性的影响,我们还需要将对 IPO 后长期股票异常业绩有影响的其他因素考虑进来。自 Aggarwal 和 Rivoli(1990)研究发现首次公开发行后的长期弱势现象[①]开始,国外学者对于 IPO 长期弱势的主流解释是,市场并非有效,IPO 上市之初价格被高估,长期当泡沫破裂后,投资者会向下修正对新股价格估值,因此这些新股的走势反而低于整体市场。但对于为什么 IPO 上市之初价格被高估,各学者的理论解释不同。Riiter(1991)将其归结为投资者对于新股"狂热"或"过度乐观",Miller(1977)则将其归咎于投资者对企业价值异质预期和 IPO 卖空新股的限制,Loughran,Ritter 和 Rydqvist(1995)用"机会之窗"理论来解读,而 Teoh,Welch 和 Wong(1998)解释为源于公司上市之初的过度包装行为。本书实际上沿循的是 Teoh,Welch 和 Wong(1998)的盈余管理观点,认为公司上市之初的过度包装(盈余管理)行为,导致投资者在上市时高估股票价格,随着上市以后应计的反转以及企业真实信息的披露,投资者意识到盈余不能持续,从而导致股票价格纠正,发行时的盈余管理越大,之后的价格纠正越强烈。为了排除其他理论对于 IPO 后股票异常业绩的解释,我们选取了如下的控制变量:

UNDERPRICE:首日折价率,它等于(上市首日收盘价−发行价格)/发行价格,依据"狂热"理论,承销商故意折价发行股票,制造虚假的股票过度需求。因此首日折价率越高,日后价格纠正的程度越大,长期异常收益率预期越低。该控制变量符号预期为"−"。

LN(TA):企业上市当年总资产的自然对数。根据投资者意见分歧假说,事前的不确定越高,投资者意见分歧越大,我们用企业的发行规模替代企业的事前不确定,规模越小的 IPO 企业,事前不确定性越高,长期异常收益率预期越低。该控制变量符号预期为"+"。

LN(CERGBS):超额认购倍数的自然对数。根据"机会之窗"理论,承销商集中于牛市发行股票,制造股票营销的狂热气氛,误导投资者对股票的追捧,我们用股票的超额认购倍数作为牛市的代理变量,超额认购倍数越高,代表股票被追捧的力度越大,其长期表现预期越差。该控制变量符号预期为"−"。

[①]　股票首次公开发行后的长期弱势(long-run underperforming)是指新股发行一段时间后其收益的长期走势弱于市场平均收益。

另外我们也选择了如下反映企业特质的控制变量：

LEV：资产负债率，用 IPO 上市当年总负债/IPO 上市当年总资产，它反映企业财务杠杆程度。

GROWTH：销售收入增长率，用 IPO 上市当年的销售收入的变化/IPO 上市当年的销售收入，反映企业业绩水平。

为了验证承销商声誉对于 IPO 后长期异常业绩与 IPO 盈余管理之间相关性的影响，我们建立了方程(4−6)所示的截面回归模型：

$$LCAR_i(\text{或 } LBHAR_i) = \beta_0 + \beta_1 DA_i + \beta_2 UR_i + \beta_3 DA_i \times UR_i + \sum \beta_{firm} CONTROL_i + \varepsilon_i$$

$$(4-6)$$

其中，*LCAR*(或 *LBHAR$_i$*)是 IPO 上市后三年的异常收益率 *CAR*(或 *BHAR*)

DA：IPO 公司上市前一年的操纵性应计

UR：承销商声誉哑变量，它是企业类型的替代变量，对于非"十大"承销商，它等于 1，否则为 0

DA × UR：盈余管理与承销商声誉的交互项

CONTROL 代表 IPO 后长期业绩的其他控制变量：*UNDERPRICE*、*LN*(*TA*)、*LN*(*CERGBS*)、*LEV* 和 *GROWTH*。

根据模型的含义，β_1 反映好企业("十大")IPO 前盈余管理与 IPO 后异常股票业绩之间的相关性，($\beta_1 + \beta_3$)反映差企业(非"十大")IPO 前盈余管理与 IPO 后异常股票业绩之间的相关系数，因此 β_3 表示与好企业相比，差企业的 IPO 前盈余管理的增量反应。由于差企业的 IPO 企业的应计上升是机会主义盈余夸大的结果，会导致未来股票价格更多向下修正，因此 $DA_i \times UR_i$ 的系数 β_3 符号预测为负。

实证检测的结果如表 4−11 所示。模型一以 *CAR* 作因变量，以 *DA* 作为自变量，并引入控制变量，从其回归结果来看，*DA* 的系数是 −0.1638，说明 IPO 前盈余管理与 IPO 后异常股票业绩之间是负相关；模型二进一步引入承销商声誉与盈余管理的交乘项 *DA × UR*，从回归结果来看，*DA × UR* 的系数是 −1.3597，在 10% 水平上显著，表明 IPO 后异常股票业绩与 IPO 前盈余管理之间的负相关性仅仅是对差企业而言，而对于好企业，并没有表现出这种相关性。模型三和模型四是以 *BHAR* 作因变量，其回归也类似以 *CAR* 作因变量的模型一和模型二，*DA × UR* 的系数是 −3.1432，在 5% 水平上显著。研究结果表明，对于差企业，IPO 后异常股票业绩与 IPO 前盈余管理水平之间有显著的负相关性，而对于好企业，其 IPO 后长期股票异常业绩与 IPO 前盈余管理水平之间并没有显著的负相关性。从控制变量的结果来看,除了在模型三和四中的首日折价率(UNDDRPRICE)符号不符合预期以外,其他控制变量符号都是一致于理论预测的,并且 $LN(CERGBS)$ 超额认购倍数的自然对数的系数统计显著,支持了"机会之窗"假说。总体来看,实证结果表明,公司上市前操纵性应计水平与IPO后长期异常业绩的负相关性仅对于差企业,而对于好企业这一负相关性将不存在,结果支持了假设 4-2。

表 4-11　IPO 后股票异常业绩、IPO 公司盈余管理水平与企业类型的多元回归

自变量	用 CAR 作因变量		用 $BHAR$ 作因变量	
	模型一	模型二	模型三	模型四
截距	1.0766 (0.9)	1.2511 (1.06)	1.7555 (0.8)	2.3535 (1.15)
DA	−0.1641 (−0.41)	0.6605 (1.26)	−0.1795 (−0.21)	1.771 (1.33)
UR		−0.0522 (−0.61)		−0.2188 (−1.52)
$DA \times UR$		−1.3597* (−1.95)		−3.1432** (−2.03)
$UNDERPRICE$	−0.0286 (−0.60)	−0.0225 (−0.45)	0.0588 (0.71)	0.0699 (0.81)
$LN(TA)$	0.0161 (0.30)	0.0203 (0.39)	0.011 (0.12)	0.027 (0.31)
$LN(CERGBS)$	−0.1341** (−2.42)	−0.1439*** (−2.61)	−0.2386** (−2.1)	−0.2622** (−2.33)
LEV	−0.3018 (−0.9)	−0.2951 (−0.89)	−1.0847 (−1.62)	−1.07* (−1.67)
$GROWTH$	0.0352 (0.42)	0.0289 (0.34)	0.0541 (0.43)	0.0514 (0.4)
$Adjust\_R^2$	0.0471	0.0681	0.0467	0.0870

注:括号中的数值为 t 统计量。*、**和***分别表示 10%、5%和1%的显著性水平。

4.4 稳健性测试

为了增强我们研究结论的稳健性,我们进行了几个额外的测试。

4.4.1 业绩匹配琼斯模型的运用

Kothari et al.(2005)认为当琼斯模型被运用于有严重异常业绩的样本时,操纵性应计的估计可能存在严重的偏差,主张利用配对企业的方法来计算异常应计。因此在稳健性分析中,我们也采用Kothari et al.(2005)的业绩匹配的琼斯模型,即对每一个IPO发行企业,基于发行年度前一年最接近的ROA和相同的行业代码,匹配于一个非IPO企业,IPO企业的操纵性应计(DA)减去IPO匹配的DA得到业绩匹配的操纵应计(PADA)。表4-12提供了以PADA作为盈余管理计量时,假设4-1的多元回归结果,从表中可知,TENUR系数是-0.0573,但并不显著,表明企业类型与IPO发行前一年盈余管理水平没有相关性,支持了假设4-1。表4-13提供了以PADA作为盈余管理计量时,假设4-2的多元回归结果。从表4-13中可以看出,在以业绩匹配琼斯模型应计(PADA)作为我们盈余管理计量时,模型2中,当以CAR作为因变量时,承销商声誉与盈余管理交互项DA × UR的系数是-0.1126,符号符合预期,但在统计上并不显著;在模型4中,当以BHAR作为因变量时,DA × UR的系数是-1.0167,并且在5%水平上统计显著。总体上的结果是支持假设4-2。

表4-12 假设4-1的多元回归结果(以PADA为因变量)

自变量	系数	T值
截距	-0.589	-0.86
TENUR	-0.0573	-1.11
SIZE	0.027	0.97
LEV	-0.5017	-2.83***
GROWTH	0.4288	5.49***
INDUSTRY	控制	
YEAR	控制	
Adjust_R²	0.1257	

注:***表示1%的显著性水平。

表 4-13　假设 4-2 的多元回归结果(以 PADA 计量 EM)

自变量	用 CAR 作因变量		用 BHAR 作因变量	
	模型一	模型二	模型三	模型四
截距	1.0456 (0.88)	1.1944 (1.00)	1.6837 (0.78)	2.4311 (1.19)
DA	−0.0352 (−0.13)	0.0507 (0.14)	0.0208 (0.04)	0.6049 (0.89)
UR		−0.0997 (−1.16)		−0.2963 (−0.96)
DA*UR		−0.1126 (−0.21)		−1.0167** (−2.03)
UNDERPRICE	−0.0277 (−0.61)	−0.0302 (−0.67)	0.0599 (0.74)	0.054 (0.68)
LN(TA)	0.0162 (0.31)	0.0202 (0.38)	0.0104 (0.11)	0.0339 (0.39)
LN(CERGBS)	−0.1326*** (−2.42)	−0.1332** (−2.44)	−0.2355** (−2.16)	−0.2498** (−2.36)
LEV	−0.2491 (−0.74)	−0.2496 (−0.74)	−0.9957 (−1.47)	−0.9691 (−1.47)
GROWTH	0.0395 (0.47)	0.0488 (0.57)	0.0574 (0.47)	0.075 (0.60)
Adjust_R^2	0.0449	0.0517	0.0438	0.0679

注:括号中的数值为 t 统计量。**和***分别表示 5%和 1%的显著性水平。

4.4.2　基于日历时间年度 BHAR 和 CAR 的高低盈余管理组相对财富比较

除了事件时间研究方法以外,很多文献运用了日历时间研究方法去计量长期股票业绩,并认为日历时间方法不太会产生"坏模型问题"(Lyon,Barber, & Tsai, 1999),为了测试我们的结论是否稳健于长期异常收益率的日历时间研究法。我们遵循 Brav 和 Gompers(1997)的做法,提供了基于日历时间的年度 BHR 和 CAR 异常回报。具体的,首先,我们基于承销商声誉高低和上市前一年 DA 的中值,将全部 IPO 公司分为四个子样本组:好企业/高 EM 组,好企业/低 EM 组,差企业/高 EM 组,差企业/低 EM 组。然后从 1998—2010 年,对于每一年度内上市时间不超过三年 IPO 企业,以匹配企业的月收益率作基准收益率,根据其月收益率和匹配企业的月收益率,计算各子样本组的日历时间年度 CAR 和 BHAR,并计算不同子样本组的相对财富指标(wealth relative),它等于(1+高盈余管理子样本的日历时间年度 CAR 或 BHAR)/(1+低盈余管理子样本的日历时间年度 CAR 或 BHAR),数据结果报告在表 4-14 和 4-15 中。

根据本书的假设,相对于由高声誉承销商所承销的好企业,低声誉承销商所承销的差企业,其高盈余管理是一种机会主义行为,由于应计的反转特征,IPO 后股票业绩下降会更加显著,由此导致其高低盈余管理子样本组的日历时间年度异常回报率差异更大。表 4-14 的结果显示,差企业组的相对财富指标均低于 1,平均值是 0.89,符合假设推论。而好企业组所承销商的 IPO 的相对财富指标接近于 1,平均值是 1.02,并且均大于同期差企业组的相对财富指标,表明盈余管理对 IPO 后业绩的负效应主要是由差企业所产生的,而好企业并没有显现出这种机会主义反转特征,结果支持了我们的假设。表 4-15 的结果有关于日历时间年度异常回报率 BHAR 的结果也类似于表 4-14 的结果。

表 4-14　基于企业类型和盈余管理中值分组的日历时间年度 CAR 比较

年度	好企业组("十大"组)			差企业组("非十大"组)		
	高 EM	低 EM	相对财富	高 EM	低 EM	相对财富
1998	0.0216	0.0287	0.9931	−0.0523	0.0191	0.9299
1999	0.0456	0.0263	1.0188	−0.0162	0.0257	0.9591
2000	0.0034	−0.0619	1.0696	−0.1186	−0.0126	0.8926
2001	0.0604	0.0009	1.0594	−0.0838	0.0198	0.8984
2002	−0.0883	−0.0764	0.9871	−0.1839	−0.0541	0.8628
2003	−0.0055	0.0597	0.9385	−0.1544	−0.0551	0.8939
2004	−0.0195	−0.0207	1.0012	−0.1214	0.0138	0.8666
2005	0.2134	0.1754	1.0323	0.0125	0.1156	0.9076
2006	−0.0883	−0.1567	1.0811	−0.0988	−0.0018	0.9028
2007	−0.1826	−0.1981	1.019	−0.5708	−0.4248	0.7462
2008	0.0763	0.0171	1.058	−0.0323	0.0211	0.9477
2009	−0.0924	−0.0856	0.9926	−0.2266	−0.0576	0.8207
2010	0.0115	−0.0291	1.0418	−0.1112	−0.0185	0.9056

表 4-15　基于企业类型和盈余管理中值分组的日历时间年度 *BHAR* 比较

年度	好企业组("十大"组)			差企业组("非十大"组)		
	高 EM	低 EM	相对财富	高 EM	低 EM	相对财富
1998	0.0487	0.0117	1.0366	−0.0169	0.0038	0.9794
1999	0.0351	0.0267	1.0082	−0.0436	0.0087	0.9482
2000	−0.0135	−0.0753	1.0668	−0.0542	−0.0333	0.9784
2001	0.0477	0.0023	1.0453	−0.0287	0.0226	0.9498
2002	−0.0709	−0.063	0.9916	−0.0697	−0.0373	0.9663
2003	0.0011	0.0601	0.9443	−0.0678	−0.0415	0.9726
2004	−0.0217	−0.0089	0.9871	−0.1018	0.0231	0.8779
2005	0.2094	0.2161	0.9945	0.0416	0.1106	0.9379
2006	0.1169	0.1011	1.0143	−0.1151	0.1101	0.7971
2007	−0.1942	−0.1753	0.9771	−1.0156	−0.7233	−0.0564
2008	0.0501	−0.0102	1.0609	0.03452	0.044	0.9907
2009	−0.0446	−0.0423	0.9976	−0.1647	−0.1303	0.9604
2010	0.0424	−0.0401	1.0859	−0.0569	−0.0514	0.9942

4.4.3　Fama-French 三因素模型检验

我国许多学者采用深沪两市的股票数据对 Fama-French 三因素模型在我国证券市场进行了检验,认为 Fama-French 三因素模型比资本资产定价模型(CAPM)更好地描述了股票收益率横截面数据的变动,证明在我们证券市场是有效的,能够很好地解释股票市场收益率的截面差异(邓先荣,马永开,2005)。因此我们进一步比较好企业组和差企业组,其高低盈余管理子样本的日历时间年度 *CAR* 和 *BHAR* 的差异是否能由 Fama-French(1993)三因素模型所解释。我们借鉴了 Fama-French 模型,建立了方程(4-7):

$$HEMR_{pt} - LEMRpt = \alpha_p + \beta_m(R_{mt} - R_{ft}) + \beta_s SMB_t + \beta_h HML_t + \varepsilon_t \qquad (4-7)$$

其中,$HEMP_{pt}$:高盈余管理子样本组的日历时间月异常收益率(*CAR* 或 *BHAR*)

$LEMR_{pt}$:低盈余管理子样本组的日历时间月异常收益率(*CAR* 或 *BHAR*)

R_{ft}:无风险月收益率,我们用同期的银行同业拆借利率来替代

R_{mt}:市场的月收益率

SMB_t:是小市值股票和大市值股票月加权收益率的差异

HML_t:是高 B/M 和低 B/M 股票组合的月加权收益率的差异

截距代表不能由风险因素所解释的异常收益率。

Fama-French 三因素模型的回归结果被提供在表 4-16 和表 4-17。由表 4-16 和表 4-17 可知,差企业组(非"十大"组)子样本,其 Fama-French 三因素模型的截距项显著为负,而对于好企业组("十大"组)承销商子样本,其 Fama-French 三因素模型的截距项并不显著。回归结果表明,对于差企业组,高低盈余管理子样本日历时间异常收益率的差异是统计显著的,并且这种差异并不能由风险因素所解释,说明其所承销 IPO 公司盈余管理和 IPO 后业绩负的相关性是较强的,而对于好企业组,其所承销 IPO 公司盈余管理和 IPO 后业绩并没有显示出这种强的负相关性,支持了我们的假设。

表 4-16　Fama-French 模型回归结果(以 CAR 为因变量)

	差企业(非"十大"组)		好企业("十大"组)	
	系数	T 值	系数	T 值
截距	−0.0088	−2.33**	0.0001	0.01
β_m	−0.1097	−2.17**	0.1361	1.69*
β_s	0.0351	0.42	0.1362	0.99
β_h	0.1561	1.32	−0.3766	−2.13**
$Adjust\_R^2$	0.0561		0.0559	

注:括号中的数值为 t 统计量。*和**分别表示10%和5%的显著性水平。

表 4-17　Fama-French 模型回归结果(以 BHAR 为因变量)

	差企业组(非"十大"组)		好企业组("十大"组)	
	系数	T 值	系数	T 值
截距	−0.0161	−2.83***	0.0081	1.09
β_m	−0.1511	−1.95**	0.2043	1.82*
β_s	0.1581	1.25	0.0191	0.10
β_h	0.2272	1.16	−0.4099	−1.67*
$Adjust\_R^2$	0.0685		0.0534	

注:括号中的数值为 t 统计量。*、**和***分别表示10%、5%和1%的显著性水平。

4.5　本章小结

由于 IPO 企业的有限信息,投资者经常很难去区分异常应计的改变,是归于差企业管理者的操纵,还是归于好企业所发出的一种信号。基于 Booth 和 Smith (1986)承销商声誉认证中介理论,本章认为承销商在 IPO 发行中起到非常重要的作用,承销商作为 IPO 市场的重要参与者,不仅在定价和销售方面给予发行者提供帮助,也起着信息生产和认证中介的作用,承销商的声誉是证券发行的一个质量检验工具。本章利用"承销商声誉"划分好企业与差企业,实证验证两个假设:第一,IPO 公司的盈余管理是一个普遍策略,它与企业类型无相关性;第二,对于好企业,盈余管理是一个信号策略,而对于差企业,盈余管理是一个机会主义行为。

我们首先对 IPO 前一年盈余管理水平与企业类型的相互关系进行检验,发现无论是高声誉的承销商所承销的好企业,还是低声誉的承销商所承销的差企业,其上市前一年盈余管理水平都显著为正,且与企业类型没有显著相关性,说明 IPO 公司的盈余管理是一种普遍策略。但通过 IPO 后长期股票异常业绩与 IPO 前一年盈余管理水平的相关性的进一步检验,发现对于低声誉承销商所承销的差企业,IPO 后异常股票业绩与 IPO 前盈余管理之间有显著的负相关性,而对于高声誉承销商所承销的好企业,并没有发现这种显著的负相关性。实证结果证明,对于好企业,盈余管理是传递企业未来业绩的信号,而对于差企业,盈余管理是一个机会主义行为。我们的研究结论表明企业类型决定 IPO 公司盈余管理动因的属性,为盈余管理的机会主义观与信号观的争议提供了一种可能的解释,也在一定程度上,证明了中国 IPO 市场承销商声誉机制的有效性。

第 5 章
IPO 公司盈余管理治理的实证研究

　　通过第 4 章 IPO 公司盈余管理动因的实证检验,我们证明 IPO 公司的盈余管理是一个普遍策略,对于好企业,它是传递未来业绩的信号,而对于差企业,盈余管理是一个机会主义行为。不论是机会主义观还是信号观,都会导致利益再分配效应。盈余管理行为会引发契约关系人之间的财富的重新分配,并且过分的盈余管理容易演变成会计欺诈、会计造假和内幕交易等非法行为,因此必须有一定的机制来约束它。西方 IPO 主要采用市场化发行,中介机构承担着"信息生产"和"认证中介"重要作用,因此许多的研究,如 Carter 和 Manaster(1990),Beatty(1989),Barry et al.(1990)的研究从理论和实证上证明承销商、审计师、风险资本家等中介机构对 IPO 公司盈余管理行为的约束。中国资本市场是一个新兴市场,与传统的成熟资本市场不同,中国资本市场处于"行政市"向"市场市"转变完善的进程中,证券发行制度的变迁对于上市公司行为影响极其强烈,忽略制度偏差以及制度变迁,单纯研究承销商、审计师、风险资本家等中介机构对于 IPO 公司盈余管理的约束是有失偏颇的。本部分第一个研究目的是检验证券发行制度市场化进程,即"审批制"转向"核准制",以及核准制下,由"通道制"向"保荐制"的转移,能否加强市场力量对于 IPO 公司机会主义盈余管理水平的约束,显著降低 IPO 公司盈余管理水平。

　　盈余管理的工具有两类:一类是应计管理,即在 GAAP 范围内,通过会计方法、会计估计和会计时点的选择来管理盈余;另一类是实质性盈余管理,即通过次优商业决策,如通过削减研发支出,过量生产,以及给予较大的商业折扣,达到盈余管理目的。Cohen et al.(2008)通过对萨班斯法案前后企业盈余管理行为的检验,发现在 2002 年萨班斯法案通过之后,企业从应计管理转向实质盈余管理。实证研究表明,这两类工具之间可以相互替代,同时随着监控的加强,呈此消彼长趋势。本部分的第二个研究目的是检验证券发行制度市场化进程对于 IPO 公司盈余管理方式的影响,即随着市场监管力量的加强,中国 IPO 公司的盈余管理方式是否会从日益引起关注的应计利润管理转向隐蔽性更强的实质盈余管理。

中国资本市场是一个新兴的不完善的市场,它正处于行政化向市场化转移的过渡阶段,从制度变迁的角度,研究 IPO 公司盈余管理行为,可以为中国 IPO 公司盈余管理研究提供一个新的视角。同时藉由 IPO 公司盈余管理水平和方式的动态比较,为证券发行制度的完善提供一个检验的手段。

5.1　文献回顾

首次公开发行过程是发行人、潜在投资者、中介机构和证券监管部门的一个四方博弈过程,发行人的盈余管理行为的约束主体主要是中介机构、潜在投资者和监管部门,在不同的制度体系下,此三方约束力量存在差异,导致中西方对于 IPO 盈余管理约束因素的研究范围各有侧重,研究结论也不尽相同。

西方发达国家 IPO 市场是高度市场化的市场,IPO 公司上市采取注册制,注册制强调"披露即合规"。在 IPO 注册过程中,证券监管部门和证交所只是负责审查公司信息披露的内容充分性、格式合规性以及上市条件的合规性,而由中介机构承担"信息生产"和"认证中介"的重要作用。因此大量的研究分析承销商、审计师、律师、风险资本家等中介机构对 IPO 盈余管理行为的约束,研究结论基本支持中介机构的认证和监督作用。

将承销商作为 IPO 机会主义盈余管理一种外部治理机制的理论源自于 Booth 和 Smith(1986)提出的承销商认证中介理论。Carter 和 Manaster(1990)以及 Carter et al.(1998)的研究文献证实声誉机制是有效的,高声誉的承销商是与较低的 IPO 折价和较好的未来长期回报相联系的。Lee 和 Masulis(2007)以及 Brau 和 Johnson(2009)的研究则进一步直接证明承销商声誉能有效抑制 IPO 企业盈余管理水平,承销商声誉与 IPO 盈余管理水平之间负相关。探讨审计师在 IPO 机会主义盈余管理中的治理作用的理论解释主要有两个,一个理论是 Titman 和 Trueman(1986)提出的审计师信号显示理论,另一个理论是源自于 Dye(1993)审计质量模型。Beatty(1989)的实证研究证明雇佣有声誉的审计师的 IPO 企业的抑价要显著更低,而 Michaely 和 Shaw(1994)的实证结果则进一步表明,有声望的审计师是相关于较少风险的 IPO,同时 IPO 长期业绩与企业所雇佣的审计师的声誉正相关。除了承销商声誉、审计师质量可以作为 IPO 机会主义盈余管理一种有效治理机制以外,Barry et al.(1990)还检验了风险资本家对于IPO企业的监管作用,实证证据表明在所投资企业进行首次公开发行时,风险资本家监管投资方面的专才和经验可以作为企业价值的重要信号传递给投资者,导致有风险资本支持企业IPO的折价较低,说明他们的监管服务的质量被资本市场认可,支持了风险资本家监管理论。除了单个检测承销商、审计师、风险资本家的治理机制以外,有些研究还检测了这些认证中介的共同治理效果,但共同检验的结论与单个机制检测结论存在差异。Agrawal和Cooper(2009)检测承销商声誉、风险资本背景、风险资本声誉与IPO盈余管理的相关性。检测发现一个新上市企业的重述报告的可能性是①正相关于它的领头承销商的声誉;②负相关于风险背景以及它的领头风险资本家的声誉;③负相关于它的领头风险投资家的成熟。对于这一实证结果,作者认为,风险资本,尤其是那些成熟和有声望的风险资本,会正向影响他所监管IPO企业的财务报告质量,而承销商对于承销收益的关心超过了对声誉的关心,导致承销商声誉机制没起作用。

与国外研究相比,我国在承销商、审计师、风险资本家等中介机构的治理机制有效性的研究上还存在较多争议。在承销商治理机制上,刘江会等(2005)研究发现,投资者通过承销商的声誉等级来区分发行企业质量的信息甄别机制在我国证券发行市场基本上不存在。但郭泓和赵震宇(2006)的研究发现,承销商声誉有助于投资者减少信息不对称,支持声誉机制的作用。黄春玲和陈峥嵘(2007)的研究指出,中国IPO市场承销商声誉的阶段性积累已初具雏形,但还有待进一步明朗化;在审计师治理机制上,李仙和聂丽洁(2006)研究发现"十大"事务所审计的公司,其盈余管理程度低于"非十大"审计的公司,研究结果支持审计质量治理机制。而黄虹荃和崔文娟(2010)却发现会计师事务所声誉与IPO公司没有显著的相关性,研究结果不支持审计质量治理机制;在风险资本治理机制上,陈祥有(2010)指出有风险投资支持的IPO公司盈余管理水平更低,研究结果揭示风险投资可以约束IPO过程中的盈余管理行为。但刘景章和项江红(2012)对于创业板IPO公司的研究却发现,风险资本背景的IPO公司的可操纵性应计利润均值虽然小于无风险资本背景的IPO公司的可操纵性应计均值,但差异并不显著,说明风险投资治理机制在中国市场上还没有完全形成。另外陈祥有(2009)的研究还对承销商、审计师和风险资本治理机制的共同效应进行研究,发现IPO前盈余管理水平与风险投资、会计事务所声誉、保荐制实施等因素显著负相关,但没有发现十大保荐机构能够降低IPO前盈余管理水平。

与国外IPO市场的完全市场化特征相比,国内IPO市场正处于行政化管理向市场化程的转化阶段。因此,国内 IPO 公司盈余管理的治理研究文献,除了探讨承销商、审计师、风险资本家等中介机构作用以外,法律保护、社会资本、政治联系等微观环境也成为约束 IPO 机会主义盈余管理的重要机制。Leuz et al.(2003)的国别研究发现国家的法律制度是保护投资者利益的一个有效的治理机制。中国仍处于转轨时期,投资者法律保护体系还不健全,法律制度在不断的完善,一些文献研究了法律制度变化对 IPO 盈余管理的影响。王克敏和康鹏(2012)分析盈利预测制度变迁对 IPO 公司盈余管理的影响。研究发现,自愿性盈利预测制度降低IPO公司盈余预测的偏好,盈利预测高估程度下降,公司盈余管理水平显著降低,表明市场化信息披露制度有利于缓解盈余管理行为。Guiso、Sapienza 和 Zingales(2004)发现对于经济法律制度不太健全的发展中国家而言,社会资本能通过自律和规范,达到更好的约束效果。潘越等人(2010)的研究也指出,要实现对于 IPO 公司盈余管理行为的有效监管,除了必要的法律约束之外,诚信、道德等社会资本的作用也不容忽视。他们的研究表明在社会资本水平高的省份,IPO 公司不可能进行盈余管理,社会资本与法律保护机制可以相互替代。

上述的文献回顾表明,IPO 盈余管理的治理机制是多方面,而且各机制的作用也是相互影响,错综复杂的,造成IPO盈余管理治理机制的研究结论并不统一,还有待进一步拓展。本书认为中国资本市场是一个新兴市场,与传统的成熟资本市场不同,中国资本市场处于"行政市"向"市场市"转变完善的进程中。证券发行制度的变迁对于上市公司行为影响极其强烈,忽略制度变迁,单纯研究承销商、审计师、风险资本家等中介机构对于 IPO 盈余管理的约束是有失偏颇的。原因在于, IPO 公司盈余管理虽说根源于发行双方的利益冲突和信息不对称,但在中国 IPO 市场,其直接的诱因是 IPO 的发行机制问题。1999 年 7 月 1 日颁布的《证券法》规定,我国股票实行核准制,在此以前都实行审批制。审批制实行的是额度管理与两级审批制度,在发行价格上采用管制市盈率定价方法,由监管部门限制发行市盈率上限的方法指导发行定价。发行额度的限制和定价发行方式会直接诱导 IPO 公司机会主义操纵盈余,提高发行价格,取得尽可能多的资金。2001 年 4 月正式实行核准制。核准制下,不再采取过去行政机制遴选和推荐发行人的做法,而是由主承销商负责遴选和推荐股票发行,承担起股票发行风险;同时强化上市公司信息披露,减少发行双方的信息不对称;并引入询价制,割断新股发行价格与账上每股盈余之间的固化联系;种种举措是希望限制机会主义盈余管理行为,提高盈余的信息含量。但发行制度的转变能否约束 IPO 公司机会主义盈余管理行为,需要实证检验。

从本人所掌握的文献来看,只有徐浩萍和陈超(2009)的研究涉及了证券发行制度的变迁对于 IPO 盈余管理的影响,研究发现没有证据支持 IPO 公司在发行前普遍存在运用会计手段进行的盈余管理。但他们的研究是以核准制实施以后的 IPO 研究样本(2002—2005 年)为研究对象,没有直接比较审批制向核准制、保荐制变迁的对于 IPO 公司盈余管理的影响,同时对于 IPO 盈余管理的计量主要是运用操纵性应计利润模型,本书的研究范围扩大到 1998—2006 年的 IPO 公司,并且还运用实质盈余管理计量 IPO 公司盈余管理水平,试图全面检测证券发行制度的变迁对于 IPO 盈余管理水平和方式的影响,可以为中国 IPO 公司盈余管理治理研究提供一个新的视角。同时藉由 IPO 公司盈余管理水平和方式的动态比较,为证券发行制度的完善提供一个检验的手段。

5.2　研究设计

5.2.1　研究样本选择

本书选择在 1998 年 1 月 1 日到 2006 年 12 月 31 日期间在上交所和深交所 A 股市场上市的 A 股 IPO 公司作为研究样本,之所以选择 1998 年为研究起点是因为研究中要运用到现金流量表的信息,而我国会计制度从 1998 年才开始公布现金流量表。以 2006 年为研究终点是因为从 2007 年开始,上市公司要求采用新的会计制度,为了避免会计制度的变迁对于研究结论的影响,将研究终点选择在 2006 年。上述期间在沪深两市首次公开发行的 A 股公司共有 723 家,剔除金融保险行业的 IPO 公司 8 家,剔除在计算盈余管理指标时,运用分年度分行业回归,未达到回归所需要的 10 个非首发上市公司所在行业的 IPO 公司 42 家[1],共 673 家 IPO 公司作为最终研究样本[2]。研究样本的选择过程如表 5-1。数据来自于 CSMAR 数据库和 WIND 数据库。

---

[1] 运用应计模型和实质盈余管理模型进行分年度分行业回归所需要的非首发上市公司数据未达到 10 个样本的行业包括 1998 年的 A 行业,1998、1999 年的 B 行业、C—C2 行业,1998 年,1999 年,2000 年的 C-C3 行业、C-C99 行业,以及 1998、1999 年的 E 行业、L 行业,为了保证盈余管理指标计算的稳健性,我们删除了对应年度和对应行业的 IPO 公司 42 家,以上代码运用的是证监会行业分类代码。

[2] 总体样本是 673 家,但在运用各具体盈余管理计量模型时,由于数据要求不同,存在数据缺失的 IPO 公司被删除。

表 5-1　研究样本选择过程表

年度	初始样本	剔除:金融保险企业	剔除:不足 10 个回归样本的 IPO 公司	最终样本
1998	99	0	15	84
1999	94	1	8	85
2000	135	1	7	127
2001	79	1	2	76
2002	69	1	3	65
2003	67	2	0	65
2004	100	0	4	96
2005	14	0	1	13
2006	66	2	2	62
合 计	723	715	42	673

5.2.2　研究阶段划分

本书研究目的是检测证券发行制度的改革对于 IPO 公司盈余管理行为和方式的影响。依据中国证券发行制度的改革历程,本书划分了三个研究阶段,如下:

5.2.2.1　审批制阶段:2001 年 3 月之前

审批制采取行政计划的方法分配和控制上市指标,由地方政府或主管部门根据指标数目择优推荐企业发行上市,证券主管部门对发行人的发展前景、财务状况、发行数量和价格进行实质性审查,决定发行人能否上市,证券中介机构的主要职能是对发行企业进行技术指导。

5.2.2.2　通道制阶段:2001 年 4 月—2004 年 12 月

2000 年 3 月 16 日,《关于发布〈中国证监会股票发行核准程序〉通知》的发布,标志着我国股票发行体制开始由审批制向核准制转变。2001 年 3 月 17 日,我国股票发行核准制正式启动。核准制取消政府推荐公司和额度管理的做法,实行"三位一体"的监管体制:证券主管机构制定上市的基本要求,证券中介机构负责判断企业是否达标,证券监管机构对发行上市公司的合规性和适销性条件进行审查,决定发行人是否可以上市。核准制最初的形式是通道制,所谓"通道",就是根据各券商的实力,确定其拥有的发股通道数量,采取"自行排队,限报家数"的做法。"通道制"下"名额有限"的特点未变,但"通道制"不再采取过去行政机关推荐发行人的做法,而是由主承销商负责遴选和推荐股票发行,在一定程度上承担起股票发行风险。

5.2.2.3 保荐制阶段:2005年1月之后

2004年2月,《证券发行上市保荐制度暂行办法》的发布,宣布了保荐制的实施,但直到2005年1月1日,中国证券监督管理委员会才宣布废止"通道制",实施保荐制。与通道制相比,保荐制进一步强化保荐机构,尤其是以保荐代表人的个人责任,并建立了责任落实和责任追究机制,让券商和责任人对其承销发行的股票,负有一定的持续性连带担保责任。

研究阶段的划分如图5-1。

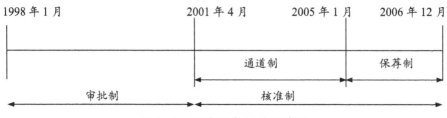

图5-1 研究阶段划分示意图

5.2.3 研究假设

上述中国证券制度改革的历程凸显了证券发行制度市场化的改革目标与方向。新股发行体制市场化导向的变迁会对IPO公司盈余管理动机产生如下影响:

5.2.3.1 降低IPO公司机会主义盈余管理直接诱因

在我国,以"额度制"为特征的审批制导致IPO市场供需极不平衡,注定新股在我国是一种稀缺资源。公司一旦获得宝贵的发行上市资格,在相对固定市盈率的固定价格法的诱导下,发行企业会通过财务包装,机会主义管理盈余,增大每股收益,从而提高股价,以筹措尽可能多的资金。2005年,保荐制和询价法的推出,取消了新股发行价格须经监管部门核准的规定,采用发达市场通行的向合格机构投资者累计投标询价方式确定新股发行价格。询价制的实施将股票发行的定价权从行政部门交给市场主体,引入市场买卖双方的判断和意向,割断了新股发行价格与账上每股盈余之间的固化联系,减弱了IPO公司进行机会主义盈余管理的内在动机。

5.2.3.2 增强对IPO公司机会主义盈余管理行为的约束

在审批制下,审核发行相关信息的责任主要在政府和各级部委。由于自身利益和公司发行利益紧密相关,地方政府和各级部委不仅不能有效监督发行公司披露的信息质量,甚至还可能成为发行公司盈余管理的"共谋"。随着核准制的实施,引入作为"质量认证中介"和"信息生产中介"的承销商和保荐人,增强对发行监督的市场力量。同时2005年修订的《证券法》规定当发行上市存在虚假记载,导致投资者损失的,发行人与上市公司应当承担赔偿责任,上市公司的高级管理人员以及保荐人、承销的证券公司,应当与发行人、上市公司承担连带赔偿责任。发行虚假陈述法律责任的明晰以及发行信息披露范围的扩大,加大发行人和承销人新股造假的潜在法律诉讼的风险,增强对IPO公司机会主义盈余管理行为的约束。

由上述分析,我们提出第一个研究假设:

假设5-1:证券发行制度市场化进程,从审批准制转向核准制、通道制转向保荐制,可以有效约束IPO公司机会主义盈余管理行为。

监管制度的改革不仅可以约束IPO机会主义盈余管理行为,也可能引起IPO机会主义盈余管理方式的转变。盈余管理的工具有两类:一类是应计管理,即在GAAP范围内,通过会计方法、会计估计和会计时点的选择来管理盈余;另一类是实质性盈余管理,即通过次优商业决策,如通过削减研发支出,过量生产,以及给予较大的商业折扣,达到盈余管理目的。这两类工具相比,最大的差异是对企业现金流量的影响不同。前者不改变企业现金流量,只是影响企业应计利润,因此实施成本相对较小,但由于应计利润的反转特征,以及会计规范弹性所限,应计管理效果是有限的;后者直接影响企业经营现金流量,实施效果明显,而且隐蔽性强,但由于次优决策会损害企业价值,实施成本高。根据Zang(2007)的研究发现,管理人员优先决策实质盈余管理在应计操纵决策之前,并且实质盈余管理和应计操纵之间存在相互替代关系,Cohen, et al.(2008)在研究2002年萨班斯法案的通过对于公司盈余管理的行为的影响也发现,萨班斯法案的通过导致公司从应计为基础的盈余管理转向实质盈余管理,另外Cohen和Zarowin(2010)通过研究再融资活动的盈余管理行为,进一步证明,企业应计还是实质盈余管理方式的选择是应计管理成本以及应计管理能力的函数,应计管理的成本包括监管者、审计师的审查和监督以及应计管理的潜在法律诉讼,而应计管理能力是指企业应计管理的弹性。

在审批制下,审核发行相关信息的责任主要在政府和各级部委。由于自身利益和公司发行利益紧密相关,地方政府和各级部委不仅不能有效监督发行公司披露的信息质量,甚至还可能成为发行公司盈余管理的"共谋",随着核准制的实施,特别是保荐代表人制度的运用，发行公司盈余管理的约束由单一的政府行政监管，转向包括证监会的发行审核、市场机构专业辅导和监督，以及公司内部治理的三位一体的监督体系，发行监督力量的加强提高了 IPO 公司应计管理的成本，可能会导中国 IPO 公司的盈余管理方式从透明度较高的应计利润管理转向隐蔽性更强的实质盈余管理。因此本书的第二个假设是：

假设 5-2：证券发行制度市场化进程，从审批制转向核准制、通道制转向保荐制，可能导致 IPO 公司盈余管理方式由应计管理转向实质盈余管理。

5.2.4　IPO 盈余管理计量

5.2.4.1　IPO 盈余管理衡量指标

不同于第 4 章的选择 IPO 发行前一年的盈余管理水平，本部分衡量的指标是 IPO 发行当年的盈余管理水平。之所以不同，原因在于这二者的研究目的有所差异。第 4 章检测的是 IPO 公司的盈余管理动因，中国 IPO 公司上市盈余管理的重要目的是筹措更多的资金，而定价的依据主要是上市前的财务业绩水平，因此检测招股说明书中所公布的发行前一年的盈余管理水平更为合适，而本部分的研究目的是检测证券发行制度对 IPO 公司盈余管理行为的约束，并且从第五章的分析，DA 从上市前一年开始上升，在 IPO 发行当年达到峰点，这说明预期 IPO 前的盈余管理行为会持续到 IPO 当年，因此为了检测证券发行制度的治理效应，选择 IPO 当年的盈余管理水平更为合适，并且 IPO 公司招股说明书中所公布的 IPO 前三年的财务报表中有许多数据缺失，如果计量公司 IP0 之前的盈余管理水平，会导致样本数据偏少，影响结论的有效性。因此本部分运用 IPO 当年的盈余管理水平来衡量 IPO 中的企业盈余管理水平。此做法也类似于 Teoh，Welch 和 Wong（1998）的做法。

5.2.4.2　IPO 盈余管理水平的计量

对于 IPO 盈余管理水平的计量，本部分运用了应计模型和实质盈余管理模型。

（1）应计为基础的盈余管理

与第 4 章公司 IPO 盈余管理动因的实证分析一样，我们运用修正琼斯模型（Dechow，1995）来计量操纵性应计。模型如方程（5-1）所示：

$$\frac{TA_t}{A_{t-1}} = \alpha_0 + \alpha_1 \times \frac{1}{A_{t-1}} + \alpha_2 \times \frac{\Delta REV_t - \Delta AR_t}{A_{t-1}} + \alpha_3 \times \frac{PPE_t}{A_{t-1}} + \varepsilon_t \tag{5-1}$$

其中，

TA_t：企业第 t 年总应计，有资产负债表总应计与现金流量表总应计两种计算方法。本书采用现金流量表总应计,TA_t=第 t 年营业利润－第 t 年经营活动现金净流量。

△REV_t:企业第 t 年主营业务收入的变化,用第 t 年主营业务收入减去第 $t-1$ 年主营业务收入;

△AR_t:企业第 t 年应收账款变化,用第 t 年应计账款减去第 $t-1$ 年应收账款;

PPE_t:企业第 t 年固定资产账面原值;

A_{t-1}:企业第 $t-1$ 年总资产,为了消除规模效应,除常数项以上所有变量都用上一年总资产进行标准化处理。

在稳健性测试中,我们也运用基本琼斯模型(Jones,1989)和业绩匹配琼斯模型(Kothari,1995)来计量操纵性应计利润。

(2)实质盈余管理

除了运用应计利润法衡量 IPO 公司盈余管理水平以外,本书还研究了 IPO 公司的实质性盈余管理水平。为了反映 IPO 公司实质盈余管理水平,我们借鉴 Roychowdhury(2006)的实质盈余管理模型,计算了 IPO 公司发行当年异常现金流量、过量的生产成本,以及异常的操控性费用支出,具体模型如(5-2)到(5-4)所示:

$$\frac{CFO_t}{A_{t-1}} = \beta_0 + \beta_1 \frac{1}{A_{t-1}} + \beta_2 \frac{REV_t}{A_{t-1}} + \beta_3 \frac{\Delta REV_t}{A_{t-1}} + \varepsilon_t \tag{5-2}$$

$$\frac{PROD_t}{A_{t-1}} = \beta_0 + \beta_1 \frac{1}{A_{t-1}} + \beta_2 \frac{REV_t}{A_{t-1}} + \beta_3 \frac{\Delta REV_t}{A_{t-1}} + \beta_4 \frac{\Delta REV_{t-1}}{A_{t-1}} + \varepsilon_t \tag{5-3}$$

$$\frac{EXPENSE_t}{A_{t-1}} = \beta_0 + \beta_1 \frac{1}{A_{t-1}} + \beta_2 \frac{REV_{t-1}}{A_{t-1}} + \varepsilon_t \tag{5-4}$$

其中,

CFO_t:企业第 t 年经营活动现金流量;

$PROD_t$:企业第 t 年的生产成本,为 t 年已销产品成本加上 t 年存货的变化;

$EXPENSE_t$:企业第 t 年操控性费用,为 t 年销售费用、财务费用和管理费用的合计;

REV_t:企业第 t 年主营业务收入;

REV_{t-1}:企业第 $t-1$ 年主营业务收入;

△REV_t:企业第 t 年主营业务收入的变化,用第 t 年主营业务收入减去第 $t-1$ 年主营业务收入;

△REV_{t-1}:企业第 $t-1$ 年主营业务收入的变化,用第 $t-1$ 年主营业务收入减去第 $t-2$ 年主营业务收入;

A_{t-1}:企业第 $t-1$ 年总资产,为了消除规模效应,除常数项以上所有变量都用上一年总资产进行标准化处理。

与应计盈余管理水平的计量一样,实质盈余管理的计量也分两步:首先运用分年度分行业非首发上市公司数据,按照方程(5-2)、(5-3)和(5-4)要求进行回归,计算行业特征参数。然后再运用 IPO 公司的数据,利用行业特征参数分别计算各 IPO 公司正常现金流量、正常生产成本、正常操控性费用[①],从总经营现金流量、总生产成本、以及总的费用中扣除得到异常现金流量(R_CFO),异常生产成本(R_PROD)和异常操控性费用(R_EXPENSE),作为本书实质盈余管理水平的计量。

在给定的销售水平上,向上管理盈余的企业可能有以下特征:异常低的 CFO,异常低的操控性费用,和异常高的生产成本。为了抓住实质盈余管理的总体效应,借鉴 Cohen 和 Zarowin(2010)在研究围绕 SEO 时的实质性盈余管理,我们结合以上三个单独计量指标去计算两个实质盈余管理活动的综合指标[②],计量如方程(5-5)和(5-6)所示:

$$REM\_1 = (-1) \times R\_CFO + (-1) \times R\_EXPENSE \qquad (5-5)$$

$$REM\_2 = (-1) \times R\_EXPENSE + R\_PROD \qquad (5-6)$$

REM_1 和 REM_2 值越高,表明企业进行实质盈余管理活动的可能性越大。考虑到 R_CFO,R_EXPENSE 和 R_PROD 指标对于盈余管理的意义不同,运用 RM_1 和 RM_2 综合变量可能稀释结果,我们同时也报告了运用计量实质盈余管理的三个单独变量的检测结果。

5.3　实证结果

本部分主要运用描述性统计和多元回归分析来检验证券发行制度变迁对于 IPO 盈余管理行为和方式的影响。在描述性统计中,根据 IPO 盈余管理程度的时间趋势描述,初步判断证券发行制度市场化进程对于 IPO 盈余管理程度和方式的影响。在多元回归分析中,在控制了 IPO 定价方式、证券承销商声誉、会计师事务

[①] 在利用行业特征参数计算各 IPO 公司的实质盈余管理水平时,同样运用的上市当年的平均总资产进行各指标的标准化处理,原因同上。

[②] 之所没有结合异常生产成本和异常 CFO,如同 Cohen 和 Zarowin(2010)指出的,导致异常高的生产成本的活动也会导致异常低的 CFO,将这两者结合会导致重复计算。

所质量、控股股东性质、企业规模、财务杠杆、企业业绩增长对于 IPO 盈余管理的影响之后,实证检测证券发行制度变迁对于 IPO 盈余管理行为和方式的影响。

5.3.1　IPO 公司描述性统计

我们首先对 623 家 IPO 样本公司的分阶段发行特征和盈余管理数据进行了描述性统计,检验结果如表 5-2。从表 5-2 可以看出,随着证券发行制度市场化进程,反映发行公司特征的指标,如总资产、销售收入、销售增长率、筹资额等呈逐年上升趋势,说明随着证券发行制度市场化进程,我国 IPO 公司的规模越来越大,公司盈利能力越来越强;而反映发行公司盈余管理水平的指标,总应计(TA),操纵性应计(DA),以及实质盈余管理计量中的 REM_1 呈下降趋势,实质盈余管理计量中的 R_CFO 呈上升趋势,表明证券发行制度市场化进程对于 IPO 公司盈余管理有约束效应。

表 5-2　IPO 公司分阶段研究数据的描述性统计

变量	审批制		通道制		保荐制		全部样本	
	均值	中值	均值	中值	均值	中值	均值	中值
$ASSETS$	1.47	0.924	3.81	0.853	6.30	1.06	2.92	0.919
REV	0.82	0.394	2.44	0.420	2.73	0.763	1.66	0.420
GS	0.178	0.104	0.256	0.193	0.267	0.231	0.218	0.153
LEV	0.33	0.339	0.353	0.342	0.416	0.424	0.351	0.346
$FUND$	4.881	3.751	5.757	3.200	9.949	3.072	5.787	3.399
TA	0.051	0.035	0.007	0.003	0.000	0.004	0.028	0.018
DA	0.041	0.036	0.033	0.035	0.015	0.012	0.035	0.032
R_CFO	−0.025	−0.017	−0.005	0.002	0.001	−0.003	−0.014	−0.008
R_PROD	−0.013	−0.015	−0.031	−0.021	−0.014	−0.017	−0.02	−0.017
$R\_EXPENSE$	−0.011	−0.017	0.002	−0.017	−0.004	−0.006	−0.006	−0.016
REM_1	0.037	0.037	0.002	0.01	0.007	0.003	0.019	0.021
REM_2	0.000	0.003	−0.036	−0.008	−0.007	0.002	−0.015	−0.002

注:$ASSETS$:总资产(亿元);REV:销售收入(亿元);GS:销售收入增长率;LEV:资产负债率;$FUND$:筹资额(亿元);TA:总应计/平均总资产;DA:操纵性应计/平均总资产;R_CFO:异常现金流量/平均总资产;R_PROD:异常生产成本/平均总资产;$R\_EXPENSE$:异常操控性费用;RM_1:实质盈余管理综合计量指标 1;RM_2:实质盈余管理综合计量指标 2。

5.3.2　IPO公司盈余管理计量指标的可靠性测试

本研究关键之一是 IPO 公司盈余管理水平的可靠衡量。Dechow(1995)认为，由于会计应计的反转特征，会导致盈余管理后业绩下降，同时 Roychowdhury(2006)的研究也发现，实质盈余管理的次优决策行为会损害企业价值。因此本书测试盈余管理计量指标可靠性的方法是检测被高度怀疑盈余管理的 IPO 公司是否会在 IPO 后业绩下降。为了实现这一检测目的，本书首先对各盈余管理计量模型所衡量的IPO公司盈余管理数据进行分组，将盈余管理水平居于前10%的公司视为被高度怀疑盈余管理 IPO 公司，对于每一个被高度怀疑盈余管理 IPO 公司，选择一个业绩匹配的控制企业，该控制企业选择运用如下标准：①控制企业不是当年新上市企业；②控制企业与被怀疑盈余管理公司是在同一个行业；③在被怀疑盈余管理 IPO 公司上市当年，控制样本与被怀疑盈余管理公司具有非常接近的 *ROA*。被怀疑盈余管理 IPO 公司与控制企业的 *ROA* 之差被定义为异常业绩。被怀疑盈余管理的 IPO 公司上市后 1-3 年的异常业绩如表 5-3 所示。

从表 5-3 可以看出，在 IPO 当年，所有异常业绩均是围绕零，表明匹配程序是成功的。而在 IPO 后一到三年，所有的异常业绩均是显著为负的，结果支持盈余管理具有负的经济后果的观点，同时也为我们的盈余管理计量指标的可靠性提供了支持。

表 5-3　被怀疑盈余管理的 IPO 公司上市后 0-3 年异常业绩表

	业绩匹配的异常 *ROA*		
	个数	均值	中值
DA 最高十分位：			
IPO 当年	68	−0.0008	−0.0006*
IPO 后一年	68	−0.0157**	−0.0101***
IPO 后二年	68	−0.0263***	−0.0135***
IPO 后三年	68	−0.0374*	−0.0165**
R_CFO 最低十分位：			
IPO 当年	67	−0.0014	−0.0007**
IPO 后一年	67	−0.0155**	−0.0079**
IPO 后二年	67	−0.0199***	−0.0105***
IPO 后三年	67	−0.0334*	−0.0101*

续表

R_EXPENSE 最低十分位:			
IPO 当年	64	−0.0002	−0.0003
IPO 后一年	64	−0.0137***	−0.0072***
IPO 后二年	64	−0.0219***	−0.0184***
IPO 后三年	64	−0.0268***	−0.0247***
R_PROD 最高十分位:			
IPO 当年	65	−0.0004	−0.0014
IPO 后一年	65	−0.0088**	−0.0054*
IPO 后二年	65	−0.0306**	−0.0106***
IPO 后三年	65	−0.0138**	−0.011*
REM_1 最高十分位:			
IPO 当年	63	0.0002	−0.0014
IPO 后一年	63	−0.0133***	−0.0083*
IPO 后二年	63	−0.031**	−0.011***
IPO 后三年	63	−0.024***	−0.0163**
REM_2 最高十分位:			
IPO 当年	63	−0.0012	−0.0006
IPO 后一年	63	−0.0153***	−0.0097***
IPO 后二年	63	−0.015**	−0.0113***
IPO 后三年	63	−0.04**	−0.011*

注:*、**和***分别表示 10%、5%和 1%的显著性水平。均值运用 t 检验,中值运用符号检验。

5.3.3　IPO 公司盈余管理程度的时间趋势分析

为了更清楚的反映盈余管理程度的时间变化趋势,我们绘制了盈余管理程度的时间趋势图,见图 5-2 和图 5-3 所示。图 5-2 和图 5-3 分别描述的是盈余管理指标 DA、R_CFO、$R\_EXPENSE$、R_PROD 和 DA、REM_1、REM_2 的 1998—2006 年度均值散点图。

从图 5-2 和图 5-3 可以看出,在运用操纵性应计(DA)衡量 IPO 公司盈余管理水平时,审批制下的 DA 比较稳定,处于一个相对较高的水平,而在核准制下,DA 的波动比较大,2001 年刚开始实施核准制时,DA 呈下降趋势,然后又开始上升,2004 年达到顶峰,2005 年实施保荐制以后,DA 又开始下降。从单个实质盈余管理水平的计量来看,R_PROD 的值均为负,表明过量生产的实质盈余管理方法在 IPO 公司中运用并不普遍,而 R_CFO 和 R_EXPENSE 随着审批制向核准制的转变,呈先负后正的趋势,表明了核准制的实施加强了对于实质盈余管理的约束。从实质盈余管理水平的综合计量来看,REM_1 的时间趋势类似于 DA,在审批制阶段处于一个较高的水平,在核准制的通道制阶段,REM_1 呈先抑后扬,随着保荐制的实施,REM_1 又趋于下降。从 REM_2 的计量来看,总体上呈现负值,说明IPO公司运用过量生产来管理盈余的方式并不普遍,因此我们下面分析实质盈余管理时,主要运用 R_CFO,R_EXPENSE 和 REM_1 指标。

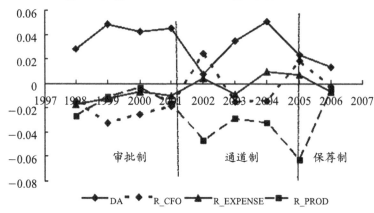

图 5-2　IPO 公司盈余管理水平散点图一(1998-2006)

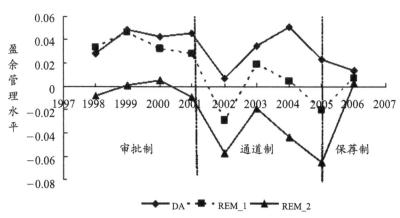

图 5-3　IPO 公司盈余管理水平散点图二((1998-2006)

5.3.4　IPO 公司盈余管理程度的证券发行制度约束效应的检验

由于IPO盈余管理水平除了受证券发行制度变迁的影响以外,也会受到公司内外部治理机制的影响,为了验证假设 5-1,检测证券发行制度市场化进程对于 IPO 盈余管理程度的约束,我们以盈余管理水平作为因变量,以证券发行制度演变为自变量,并引入定价方法、承销商声誉、审计师质量、控股股东性质等其他治理变量,以及企业规模、销售收入、销售增长率以及财务杠杆等控制变量,构建了方程(5-7)所示的多元回归模型:

$$DEP = \alpha_0 + \alpha_1 \times TDZ + \alpha_2 \times BJZ + \alpha_3 \times PRICE + \alpha_4 \times TIME + \alpha_5 \times TENUNW$$

$$+ \alpha_6 \times BIG4 + \alpha_7 \times STATE + \alpha_8 \times SIZE + \alpha_9 \times LEV + \alpha_{10} \times GROWTH + \sum_{11}^{30} \alpha_n \times IN\text{-}$$

$$DUSTRY + \varepsilon \tag{5-7}$$

其中,

DEP:因变量,反映盈余管理程度的指标,我们分别运用操纵性应计(DA)和实质盈余管理指标(R_CFO、R_EXPENSE 和 REM_1)作回归。

TDZ:通道制哑变量,当 IPO 发行时间在 2001 年 4 月之后,2005 年 1 月之前,它等于 1,否则为 0;依据假设 5-1,当因变量是 DA 和 REM_1 时,其系数预期为"-",当因变量是 R_CFO 和 R_EXPENSE 时,其系数预期为"+";

BJZ:保荐制哑变量,当 IPO 发行时间在 2005 年 1 月之后,它等于 1,否则为 0。依据假设 5-1,当因变量是 DA 和 REM_1 时,其系数预期为"-",当因变量是 R_CFO 和 R_EXPENSE 时,其系数预期为"+";

PRICE:定价方法的哑变量,当 IPO 定价方法采用相对固定市盈率、控制市盈率定价方式,其值为 1,否则为 0。Aharoney et al.(2000)研究证明追求较高的发行价格是我国 IPO 公司盈余管理的主要动机,在相对固定市盈率定价方式下,IPO 公司为了追求较高的发行价格,只能提高每股收益,当因变量是 DA 和 REM_1 时,其系数预期为"+",当因变量是 R_CFO 和 R_EXPENSE 时,其系数预期为"-";

TIME:控制 DA 时间趋势的变量,用 IPO 公司发行年度与 1998 年之间的年度差来计量。从前述的 IPO 发行特征的描述性统计来看,随着证券发行制度市场化进程,我国 IPO 公司的规模越来越大,公司盈利能力越来越强,Dechow(1995)的研究证明,应计水平会随着企业业绩和规模的变化而增大,当因变量是 DA 和 REM_1 时,其系数预期为"+",当因变量是 R_CFO 和 R_EXPENSE 时,其系数预期为"-";

TENUNW:承销商声誉哑变量,我们用主承销商的市场份额来计量承销商声誉,市场份额居于前十的,被确认为十大"承销商",其值为 1,否则为 0[①];根据承销

---

① 十大承销商的是:中信证券,国泰君安,中金公司,银河证券,申银万国,中投证券,国信证券,中信建投,海通证券,广发证券。

商声誉机制理论(Carter & Manaster,1990),当因变量是 *DA* 和 REM_1 时,其系数预期为"−",当因变量是 R_CFO 和 R_EXPENSE 时,其系数预期为"+";

BIG4:审计师质量哑变量,当 IPO 审计师是"国际四大"时,定为 1,否则为 0,其系数符号预期为负。根据审计师信号显示理论(Titman & Trueman,1986)和审计质量模型(Dye,1993),当因变量是 *DA* 和 REM_1 时,其系数预期为"−",当因变量是 R_CFO 和 R_EXPENSE 时,其系数预期为"+";

STATE:国有控股股东哑变量,当 IPO 控股股东是国家股和国有法人股时,其值为 1,否则为 0,Aharony,Lee 和 Wong(2000)的研究发现国有 IPO 公司存在较严重的盈余管理行为,因此当因变量是 *DA* 和 REM_1 时,其系数预期为"+",当因变量是 *R_CFO* 和 *R_EXPENSE* 时,其系数预期为"−";

SIZE:反映企业规模的变量,用总资产的自然对数来计量。

LEV:反映财务杠杆的变量,用资产负债率来计量。

GROWTH:反映业绩增长的变量,用销售收入增长率来计量。

INDUSTRY:行业哑变量。

在模型估计中,本书对模型标准误进行异方差调整和公司观察值自相关调整,以获得较准确的 *t* 统计量。模型回归结果如表 5−4 所示。

从 *DA* 为因变量的回归结果来看,TDZ 和 BJZ 的系数显著为负,表明通道制和保荐制的实施,使 IPO 公司的操纵性应计显著下降,支持了假设 5−1;PRICE 的系数显著为正,证明在相对固定市盈率定价方法下,IPO 公司为了追求较高的发行价格,会人为操纵应计利润,支持了 Aharoney et al.(2000)的研究结论;BIG4 系数显著为负,支持了审计师质量对于 IPO 公司操纵性应计的约束效应,与李仙和聂丽洁(2006)的研究结论一致;TUNNUW 的系数为负,符合预期,但是不显著,这一结果与第 4 章的分析是一致的,即承销商声誉能部分约束 IPO 公司盈余管理行为。

从 R_CFO 为因变量的回归结果来看,TDZ 和 BJZ 的系数显著为正,表明通道制和保荐制的实施,使 IPO 公司的操纵现金流量的实质盈余管理活动显著下降,支持了假设 5−1;BIG4 的系数显著为正,支持了审计师质量对于 IPO 公司操纵性现金流量的约束效应。

从 R_EXPENSE 结果来看,主要的变量 TDZ、BJZ、TENNUW、BIG4 的系数虽然都符合预期,但均不显著,原因可能是与运用操纵现金流量的实质盈余管理活动相比,同时运用操纵性费用方式的 IPO 公司并不太多,所以导致系数不显著。

从 REM_1 为因变量的回归结果来看,TDZ 和 BJZ 的系数显著为负,表明通

道制和保荐制的实施，使 IPO 公司的实质盈余管理水平显著下降，支持了假设
5-1；BIG4、TUNNUW、STATE 的系数均不显著，原因可能是实质盈余管理水平隐
蔽性较强，较难被发现，因此并没有引起审计师、承销商足够的重视，也可能是由
于 REM_1 综合了 R_CFO 和 R_EXPENSE 的共同影响，所以导致系数被稀释。

表 5-4　IPO 公司盈余管理程度的证券发行制度约束效应检验的多元回归结果

自变量	模型一 （以 *DA* 为 因变量）	模型二 （以 R_CFO 为 因变量）	模型三 （R_EXPENSE 为 因变量）	模型四 （以 REM_1 为 因变量）
Constant	−0.362*** （−3.09）	0.191 （1.6）	−0.191** （−2.05）	0.0197 （0.12）
TDZ	−0.033** （−2.06）	0.041** （2.45）	0.009 （0.74）	−0.051** （−2.34）
BJZ	−0.064** （−1.99）	0.063** （1.96）	0.013 （0.58）	−0.078* （−1.87）
PRICE	0.024* （1.83）	−0.016 （−1.29）	0.018** （2.17）	0.000 （0.02）
TIME	0.01** （2.38）	−0.007* （−1.71）	0.001 （0.33）	0.006 （1.16）
TENUNW	−0.001 （−0.19）	0.006 （0.65）	0.004 （0.78）	−0.011 （−0.93）
BIG4	−0.048*** （−2.68）	0.041** （2.07）	0.006 （0.27）	−0.048 （−1.32）
STATE	−0.002 （−0.26）	−0.003 （−0.42）	−0.003 （−0.46）	0.003 （0.26）
SIZE	0.017*** （3.16）	−0.006 （−1.11）	0.006 （1.34）	0.000 （0.10）
LEV	−0.003 （−0.08）	−0.143*** （−3.64）	0.018 （0.94）	0.132*** （2.77）
GROWTH	−0.010 （−0.59）	−0.002 （−0.10）	0.028*** （3.07）	−0.023 （−1.09）
INDUSTRY	控制	控制	控制	控制
Adjust_R²	7.13%	8.92%	9.18%	8.45%
F 值 （*Pr>F*）	1.76 （<0.05）	2.59 （<0.000）	2.09 （<0.01）	2.22 （<0.000）

注：括号中的数值为 *t* 统计量。*、**和***分别表示 10%、5%和 1%的显著性水平。

综合 *DA*、REM_CFO、REM_EXPENSE、REM_1 的回归结果,支持了假设 5-1,表明随着证券发行制度的市场化进程,由审批制向通道制、保荐制的演变,会约束 IPO 公司盈余管理行为,提高 IPO 公司盈余质量。

5.3.5 IPO 公司操纵性应计利润和实质盈余管理手段的相互替代效应的检验

为了检测假设 5-2,看是否随着证券发行制度市场化进程,监管力度的加强,IPO 公司盈余管理方式会从成本较低,但较易被发现的应计管理转向成本较高,但更加隐蔽的实质性盈余管理,我们首先检测了操纵性应计和实质盈余管理的相关系数,如表 5-5 所示:

表 5-5 操纵性应计利润与实质盈余管理相关系数表

	审批制				通道制				保荐制			
	DA	R_CFO	R_EXP	REM_1	*DA*	R_CFO	R_EXP	REM_1	*DA*	R_CFO	R_EXP	REM_1
DA	1.00	−0.90	−0.02	0.84	1.00	−0.82	−0.09	0.69	1.00	−0.74	−0.12	0.66
R_CFO	−0.87	1.00	0.01	−0.93	−0.84	1.00	0.09	−0.83	−0.77	1.00	0.24	−0.89
R_EXP	−0.03	0.03	1.00	−0.39	−0.11	0.05	1.00	−0.63	−0.15	0.25	1.00	−0.64
REM_1	0.76	−0.90	−0.40	1.00	0.70	−0.78	−0.59	1.00	0.67	−0.88	−0.64	1.00

注:右上角是 pearson 相关系数,左下角是 spearman 相关系数。

从表 5-5 的相关系数表可以看出,在不同的证券发行制度阶段,IPO 公司的操纵性应计水平与实质盈余管理水平均呈正相关性[①],没有出现操纵性应计与实质盈余管理随监管加强,此消彼长,相互替代的效应,不支持假设 5-2。

据 Zang(2007)的研究发现,管理人员优先决策实质盈余管理在应计操纵决策之前,并且实质盈余管理和应计操纵之间存在相互替代关系,Cohen, et al.(2008)在研究 2002 年萨班斯法案的通过对于公司盈余管理的行为的影响也发现,萨班斯法案的通过导致公司从应计为基础的盈余管理转向实质盈余管理,另外 Cohen

---

① R_CFO、R_EXPENSE 为负代表存在实质盈余管理活动,因此 DA 与 R_CFO、R_EXPENSE 负的相关性实质上代表着应计管理水平与实质盈余管理水平呈正相关性。

和 Zarowin(2010)的通过研究再融资活动的盈余管理行为,进一步证明,企业应计还是实质盈余管理方式的选择是应计管理成本以及应计管理能力的函数,应计管理的成本包括监管者、审计师的审查和监督以及应计管理的潜在法律诉讼,而应计管理能力是指企业应计管理的弹性。

因此本书在方程(5-7)的基础上,进一步引入实质盈余管理替代变量(RM_PROXY)作为 DA 的解释变量,模型如方程(5-8)所示:

$$DA = \alpha_0 + \alpha_1 \times TDZ + \alpha_2 \times BJZ + \alpha_3 \times TDZ \times RM\_PROXY + \alpha_4 \times BJZ \times RM\_PROXY + \alpha_5 \times PRICE + \alpha_6 \times TIME + \alpha_7 \times TENUNW + \alpha_8 \times BIG4 + \alpha_9 \times STATE + \alpha_{10} \times SIZE + \alpha_{11} \times LEV + \alpha_{12} \times GROWTH + \sum_{13}^{32} \alpha_m \times INDUSTRY + \varepsilon \qquad (5-8)$$

其中:RM_PROXY 是指实质盈余管理的替代变量,我们在具体回归中分别用 R_CFO、$R\_EXPENSE$ 和 REM_1 替代,其他变量的定义同方程(5-7)。

与方程(5-7)相比,方程(5-8)主要的变化是引入了证券发行制度和实质盈余管理的交叉项($TDZ \times RM\_PROXY$ 和 $BJZ \times RM\_PROXY$),目的是为了检验是否证券发行制度的改革对于 IPO 公司盈余管理方式的影响。根据假设 5-2,当 RM_PROXY 是 R_CFO 和 $R\_EXPENSE$ 时,其系数预期为"+";当 RM_PROXY 是 REM_1 时,其系数预期为"-"。其他变量的符号预期同方程(5-7)。

在模型估计中,本书对模型标准误进行异方差调整和公司观察值自相关调整,以获得较准确的 t 统计量。回归结果如表 5-6 所示。

由表 5-6 的回归结果,可以发现,在以 R_CFO 作为实质盈余管理替代变量(REM_PROXY)的模型一的结果来看,$TDZ \times REM\_PROXY$ 和 $BJZ \times REM\_PROXY$ 的系数显著为负,由于 R_CFO 为负代表着实质盈余管理的存在,此结果表明在通道制和保荐制下,中国 IPO 公司在盈余管理方式的选择上,实质盈余管理和操纵性应计管理共同存在,也即随着监管力量加强,操纵性应计与实质盈余管理并没有出现此消彼长,相互替代的趋势,假设 5-2 没有得到支持。

从以 $REM-1$ 作为实质盈余管理替代变量(REM_PROXY)的模型三的结果来看,$TDZ \times REM\_PROXY$ 和 $BJZ \times REM\_PROXY$ 的系数显著为正,由于 REM_1 为正代表着实质盈余管理的存在,因此,操纵性应计与实质盈余管理并没有出现此消彼长,相互替代的趋势,假设 5-2 没有得到支持。

从以 $R\_EXPENSE$ 作为实质盈余管理替代变量(REM_PROXY)的回归三的结果来看,$TDZ \times REM\_PROXY$ 和 $BJZ \times REM\_PROXY$ 的系数为负,也不支持假设

5-2,但并不显著,原因可能是与运用操纵现金流量的实质盈余管理活动相比,同时运用操纵性费用方式的 IPO 公司并不太多,所以导致系数不显著。

另外,与5.3.4章节中没有考虑应计管理和实质盈余管理替代效应的 DA 回归结果相比,TDZ 和 BJZ 的系数仍为负,但显著性在下降,这可能是由于 RM_PROXY 与 TDZ、BJZ 之间存在相关性,稀释了 TDZ、BJZ 对于 DA 的影响所致。同样在引入 RM_PROXY 变量以后,$PRICE$ 的系数依然显著为正,证明了 IPO 公司操纵应计目的是为了追求较高的发行价格,$BIG4$ 的系数仍然显著为负,支持了审计师质量对于应计操纵的约束。

综合上述的回归结果,不支持假设5-2,表明在中国 IPO 市场上,应计盈余管理和实质盈余管理是显著正相关,并没有发现,Cohen et al.(2008)等西方研究文献所证明的随着监管制度的加强,应计管理和实质盈余管理方式相互替代,此消彼长的趋势。

表5-6　操纵性应计利润和实质盈余管理手段相互替代效应检验的多元回归结果

自变量	模型一 （R_CFO）	模型二 （$R\_EXPENSE$）	模型三 （REM_1）
截距	−0.281** （−2.63）	−0.442*** （−3.29）	−0.438*** （−3.41）
TDZ	−0.026* （−1.81）	−0.032* （−1.86）	−0.027* （−1.67）
BJZ	−0.046 （−1.62）	−0.060* （−1.74）	−0.047 （−1.52）
$TDZ \times RM\_PROXY$	−0.738*** （−7.17）	−0.112 （−1.41）	0.502*** （6.05）
$BJZ \times RM\_PROXY$	−0.772*** （−6.64）	−0.279 （−1.43）	0.547*** （6.41）
$PRICE$	0.021** （2.07）	0.032** （2.18）	0.034*** （2.97）
$TIME$	0.007* （1.95）	0.010** （2.24）	0.008** （2.01）
$TENNUW$	−0.002 （−0.30）	0.002 （0.28）	−0.001 （−0.81）

续表

BIG4	−0.034** (−2.00)	−0.056*** (−2.72)	−0.043** (−2.13)
STATE	−0.009 (−1.34)	−0.005 (−0.62)	−0.013* (−1.65)
SIZE	0.016*** (3.05)	0.021*** (3.27)	0.022*** (3.49)
LEV	−0.065** (−2.38)	0.001 (0.41)	−0.040 (−1.21)
GROWTH	−0.010 (−0.61)	−0.009 (−0.47)	−0.005 (−0.29)
INDUSTRY	控制	控制	控制
Adjust_R^2	34.31%	8.22%	27.62%
F 值 (Pe>F)	8.96 (<0.000)	2.05 (<0.001)	7.18 (<0.000)

注:括号中的数值为 t 统计量。*、**和***分别表示 10%、5%和 1%的显著性水平。

5.4　稳健性测试

为了增强研究结论的可靠性,我们另外运用了基本琼斯模型(Jone,1991)、业绩匹配琼斯模型(Kothari,1995)来计量操纵性应计,研究发现,这些盈余管理水平的计量指标之间具有高度的相关性,同时运用这些指标所做的检验均不改变本书的主要研究结论。另外 Ball 和 Shivakumar(2006)的研究指出,估计 IPO 当年操纵性应计用 IPO 前一年总资产作换算指数,会由于换算指数在数额上偏小,导致所估计的操纵性应计偏大。因此本书在计算各 IPO 公司操纵性应计时,运用的是上市当年平均总资产进行换算。在稳健性测试中,我们也运用 IPO 上年总资产作换算指数,研究主要结论并不改变。

5.5　本章小结

　　基于中国IPO公司管制诱发型盈余管理动因的考虑,本章根据中国证券发行制度演变,将研究期间划分为三个时间段,审批制(2001年3月之前)、通道制(2001年4月—2004年12月)、保荐制(2005年1月之后),运用应计利润模型和实质盈余管理模型来计量IPO公司盈余管理水平,通过描述性统计和多元回归方法,分析证券发行制度市场化进程对于中国IPO公司盈余管理程度和方式的动态影响。

　　在描述性统计中,通过审批制、通道制和保荐制下IPO公司盈余管理程度的趋势比较,发现随着证券发行制度由审批准转向核准制,尤其是核准制下保荐制的实施,IPO公司的应计利润盈余管理和实质盈余管理呈下降趋势。在引入了承销商声誉、审计师质量以及国有控股股东等治理变量以及企业规模、业绩、盈余增长和财务杠杆等控制变量的多元回归分析中,发现随着保荐制的实施,IPO公司盈余管理水平显著下降。在盈余管理方式的研究上,本章发现在中国IPO市场上,应计盈余管理和实质盈余管理是显著正相关,并没有发现,Cohen et al.(2008)等西方研究文献所证明的随着监管制度的加强,应计管理和实质盈余管理方式相互替代,此消彼长的趋势。总体的实证结果表明核准制的实施,可以约束IPO公司机会主义盈余管理的行为,系统提高中国上市公司质量。

　　中国资本市场是一个新兴的不完善的市场,它正处于行政化向市场化转移的过渡阶段,本章从制度变迁的角度,研究IPO公司盈余管理行为,为中国IPO公司盈余管理治理研究提供一个新的视角,证明了证券发行制度是研究中国IPO公司盈余管理问题的一个重要约束变量,同时藉由IPO公司盈余管理程度的动态分析,验证了证券发行制度的市场化进程的完善能有效约束IPO公司机会主义盈余管理,提高上市公司质量,为证券发行制度进一步向注册制发展提供了证据。

第6章
结论、研究局限与展望

6.1　研究结论

在文献综述的基础上,本书首先对文献中常用的盈余管理计量方法和模型进行综合梳理,并运用统计模拟的方法,测试各模型产生第一类错误和第二类错误的频率,比较基本琼斯模型、修正琼斯模型等七种常用的截面操纵性应计利润模型在中国资本市场的检验效果,寻找 IPO 公司盈余管理的合适计量模型;然后从理论上分析 IPO 公司盈余管理机会主义观和信号观的动因,并通过实证验证,为盈余管理的机会主义观与信号观的争议提供新的解释,进而,从证券发行制度变迁的角度分析 IPO 公司机会主义盈余管理的治理,本书的主要发现如下:

(1)通过 IPO 公司盈余管理文献综述,我们发现与 IPO 研究及盈余管理研究的不可胜数的研究文献相比,国内 IPO 公司盈余管理的研究无论从数量还是质量上都略显单薄,目前的研究主要存在以下几个方面的问题:①国内 IPO 公司盈余管理实证研究数量较少,有待进一步丰富。②IP0 公司盈余管理属性研究存在争议,有待进一步澄清。③IPO 公司盈余管理治理研究局限于外部治理,应进一步拓展。

(2)运用统计模拟的方法,通过测试各应计利润模型产生第一类错误和第二类错误的频率,本书发现,在中国资本市场上,基本琼斯模型、修正琼斯模型和无形资产琼斯模型相对较优,它们所犯第一类错误和第二类错误的频率较小,但在收入操纵检测上,修正琼斯模型检验能力更突出;现金流量琼斯模型、非线性琼斯模型虽然检验盈余管理的能力较强,但是存在较为严重的第一类错误,易夸大中国上市公司盈余管理的程度。前瞻性修正琼斯模型计算复杂，存在第一类错误，而且检验盈余管理的能力上比修正琼斯模型没有明显的提高；收益匹配琼斯模型对于费用操纵的检验能力较差。综合本部分检测结果，本书认为在中国证券市场上，分年度分行业回归的截面修正琼斯模型在模型的设定和盈余管理的检验能力方面表现更佳，建议未来的盈余管理实证研究以该方法为主。

（3）由于 IPO 企业的有限信息，投资者经常很难去区分异常应计的改变，是归于差企业管理者的操纵，还是归于好企业所发出的一种信号。基于 Booth 和 Smith（1986）承销商声誉认证中介理论，本书认为承销商在 IPO 发行中起到非常重要的作用，承销商作为 IPO 市场的重要参与者，不仅在定价和销售方面给予发行者提供帮助，也起着信息生产和认证中介的作用，承销商的声誉是证券发行的一个质量检验工具。因此本书利用"承销商声誉"划分好企业与差企业，分析企业类型与IPO 公司盈余管理水平、IPO 后股票异常业绩之间的相关性。结果发现无论是高声誉的承销商所承销的好企业，还是低声誉的承销商所承销的差企业，其上市前一年盈余管理水平都显著为正，且与企业类型没有显著相关性，表明 IPO 公司盈余管理是一种普遍策略。但通过 IPO 后股票异常业绩与 IPO 公司盈余管理水平相关性的进一步检验，发现对于差企业，IPO 后异常股票业绩与 IPO 公司盈余管理水平之间有显著的负相关性，而对于好企业，这种显著的负相关性并不存在。我们的实证结果支持企业类型决定 IPO 公司盈余管理动因属性的理论分析。表明对于好企业，盈余管理是传递企业未来业绩的信号，而对于差企业，盈余管理是一个机会主义行为。这一发现为盈余管理的机会主义观与信号观的争议提供了一种可能的解释，也在一定程度上，证明了中国 IPO 市场承销商声誉机制的有效性。

（4）中国资本市场是一个新兴市场，与传统的成熟资本市场不同，中国资本市场处于"行政市"向"市场市"转变完善的进程中，证券发行制度的变迁对于上市公司行为影响极其强烈，忽略制度变迁，单纯研究承销商、审计师、风险资本家等第三方对于 IPO 盈余管理的约束是有失偏颇的。本书根据中国证券发行制度演变，将研究期间划分为三个时间段，审批制（2001 年 3 月之前）、通道制（2001 年 4 月—2004 年 12 月）、保荐制（2005 年 1 月之后），运用应计利润模型和实质盈余管理模型来计量 IPO 公司盈余管理水平，通过描述性统计和多元回归方法，分析证券发行制度对于中国 IPO 公司盈余管理水平和方式的动态影响。总体的实证结果表明核准制的实施，尤其是保荐制的运用，可以约束 IPO 公司机会主义盈余管理的行为，系统提高中国上市公司盈余质量。本书证明证券发行制度是研究中国

IPO公司盈余管理问题的一个重要约束变量,同时藉由IPO公司盈余管理程度的动态分析,验证了证券发行制度的市场化进程的完善能有效约束IPO公司机会主义盈余管理,提高上市公司质量,为证券发行制度进一步向注册制发展提供了证据。

6.2　政策建议

本书对IPO公司盈余管理动因和治理的研究,对证券市场发展有借鉴意义的最主要研究发现是:第一,信息不对称所造成的"沟通阻碍"是IPO公司盈余管理的根本原因;第二,承销商声誉是所发行证券的一个质量检验工具;第三,证券发行制度的市场化改革能有效约束IPO公司机会主义盈余管理。基于上述的研究结论与发现,本书提出如下政策建议:

6.2.1　进一步完善发行企业上市信息披露制度,减少发行双方的信息不对称

信息披露制度,也称公示制度,是上市公司为保障投资者利益、接受公众的监督而依照法律规定必须将其自身的财务状况、运营情况等信息向证券管理部门和证券交易所报告,并向社会公开或公告,以使投资者充分了解企业情况的制度(潘建玲,2006)。通过完善的上市信息披露制度,可以减少发行双方的信息不对称,从根本上解决IPO公司机会主义盈余管理问题。

我国新股发行并上市公开披露的文件主要是由招股说明书和上市公告书构成,披露的内容主要包括信息披露主体的组织状况、财务状况和经营管理信息等三部分内容。我国新股发行信息披露制度经历了多次的修订,新股发行信息披露相关政策法规的演变如表6-1所示。从表6-1可以看出,我国上市公司信息披露制度发展主要体现在证监会对招股说明书的制订与多次修订上,新股发行的强制性的信息披露框架基本完善,虽然信息披露范围有所扩大,但对信息披露质量并没有具体要求。因此进一步完善发行企业上市信息披露制度,扩大信息披露的范围,强化自愿性信息的披露,加强对披露信息的真实性和完整性的监督,促进新股发行信息向高透明度发展,是未来的工作方向。

表6－1　新股发行信息披露相关法规要求

相关法律规范的颁布	对新股发行信息披露的要求
1. 1993年12月29日第八届全国人大第五次会议通过《中华人民共和国公司法》	其中第八十四、八十七和八十八条规定了公司向社会公开募集资金时必须公布招股说明书，详细制定招股说明书的内容与格式，它是我国新股披露制度开始建立的始端。
2. 1994年月11月3日，中国证监会制定《公开发行股票公司信息披露的内容与格式准则》，该准则分号颁发。	第1号准则《招股说明书的内容与格式（试行）》，规范发行公司首次公开发行时的信息披露行为，至1997年首次公开发行公司的招股说明书内容和格式均据此实施。
3. 1997年1月6日中国证监会发布了《公开发行股票公司信息披露的内容与格式准则》第1号"招股说明书的内容与格式"和第7号"上市公告书的内容与格式（试行）"，对1994年发布的第1号准则进行了修订，并对上海、深圳两个证券交易所上市的公司的上市公告书进行了统一规范。	新颁布的准则第一号与原试行准则相比，具有以下特点：（1）明确了《公司法》是制定准则第一号的主要依据。（2）强化了发行人的披露义务。增加了对关联交易、风险因素、募集资金运用的披露要求；（3）强调了招股说明书概要有关信息披露的要求，并规定了各项摘录内容的最低要求。准则第七号统一公司股本结构的披露方式，强调了对公司股票发行后的股本实际募集情况、公司注册登记情况、关联企业及关联交易情况的披露要求；突出了上市公司董事会的承诺和董事会对全体股东所负的责任。
4. 2001年3月15日，中国证监会发布了《公开发行证券的公司信息披露的内容与格式准则》第1号"招股说明书"，第7号"股票上市公告书"和第11号"上市公司发行新股招股说明书"。	此次修订是为了配合核准制下合规性审核的实施，建立起强制性信息披露框架。新修订的第1号与第7号与以前的准则相比，披露的内容要求更为详细，突出了风险提示，强调了对公司治理结构的披露，明确了发行人、主承销商、注册会计师、注册评估师和律师等各方的责任。
5. 2003年3月24日，中国证监会对中国证监会对《公开发行证券公司的信息披露内容与格式准则》第1号"招股说明书"和第11号"上市公司发行新股招股说明书"作了修订。	本次修订包括（1）增加了对财务会计报表的真实完整性的要求；（2）对招股说明书摘要的编排和披露增加了新的规定，对招股说明书摘要的披露要求规定更为严格；（3）重新定义了风险因素；（4）增加了对发行人历史沿革及改制情况的信息披露要求；（5）对于需要由独立董事、监事会等发表意见的关联交易，应披露其对关联交易之公允性的意见。

续表

6. 2006 年 5 月 18 日,中国证监会发布公开发行证券的公司信息披露内容与格式准则第 1 号——招股说明书(2006 年修订)》和《公开发行证券的公司信息披露内容与格式准则第 9 号——首次公开发行股票并上市申请文件(2006 年修订)》。	此次修订是针对股权分置改革启动后全流通的背景而启动,除了凸现全流通的特征外,对于信息披露的披露主体以及相关责任人的义务进行了更全面的规定,包括扩大招股说明书的责任人范围和增加了发行人下属企业的信息披露义务,有利于首次公开发行信息披露质量的提高。
7. 2009 年 7 月 20 日,中国证监会发布《公开发行证券的公司信息披露内容与格式准则第 29 号——首次公开发行股票并在创业板上市申请文件》。	该文件是针对创业板首发信息披露的规定,创业板 IPO 信息披露准则主要参照现行主板 IPO 规则的框架,突出了创业板投资风险的批露以及强化发行人、保荐人和证券服务机构等责任主体诚信披露义务。
8. 2012 年 5 月 23 日,中国证监会发布《关于进一步提高首次公开发行股票公司财务信息披露质量有关问题的意见》。	该文件是证监会根据《关于进一步深化新股发行体制改革的指导意见》(证监会公告[2012]10 号)的有关要求发布《意见》。该意见明确发行人、会计师事务所和保荐机构在首次公开发行股票公司财务信息披露工作中的相关责任,要求各市场主体归位尽责;针对首次公开发行股票公司财务信息披露工作中存在的突出问题,对发行人、会计师事务所和保荐机构提出具体工作要求,并且进一步完善和落实责任追究机制。
9. 2014 年 6 月 14 日,证监会发布《公开发行证券的公司信息披露内容与格式准则第 28 号——创业板公司招股说明书(2014 年修订)》《公开发行证券的公司信息披露内容与格式准则第 29 号——首次公开发行股票并在创业板上市申请文件(2014 年修订)》。	本次修订是贯彻落实新股发行体制改革和保护中小投资者权益等意见的要求,对创业板首发申请文件准则进行了修订,一方面强化保荐机构对企业成长性的核查要求,另一方面落实新股发行体制改革要求,包括增加责任主体的重要承诺和约束措施文件,增加审计报告基准日至招股书签署日之间的财务报表及审阅报告,将问核表作为保荐工作报告的附件。

注:本表内容是根据证监会所发布相关法规整合。

6.2.2 推动证券发行监管制度的进一步市场化发展

股票发行监管制度有三种主要类型:审批制、核准制和注册制。审批制采取行政方法分配上市指标,由地方政府或主管部门择优推荐企业发行上市,证券主管部门对发行人的发展前景、财务状况、发行数量和价格进行实质性审查,决定发行人能否上市,证券中介机构的主要职能是对发行企业进行技术指导。核准制取消政府推荐公司和额度管理的做法,实行"三位一体"的监管体制:证券主管机构制定上市的基本要求,证券中介机构负责判断企业是否达标,证券监管机构对发行公司合规性予以审查,决定发行人是否可以上市。注册制下,发行人只须将依法公开的各种资料完全、准确地向证券主管机构呈报并申请注册即可,无需通过证券机构批准。

可见,审批制是一种完全计划模式,核准制是审批制过渡到注册制的一种中间模式,注册制则是完全市场化的一种模式。我国股票发行监管制度的变迁,总体上经历了从审批制到核准制的转变,具体演变过程如表6-2所示。根据表6-2可知,我国新股发行监管制度在2000年3月16日,开始由审批制向核准制转变。在此之前的"额度管理"和"指标管理"属于审批制,在此之后的"通道制"和"保荐制"属于核准制。与审批制相比,核准制不再采取过去行政机制遴选和推荐发行人的做法,而是由主承销商负责遴选和推荐股票发行,承担起股票发行风险,有益于增强对IPO公司机会主义盈余管理行为的约束。本书的实证研究也证明了这一点。但是与注册制完全市场化相比,目前的核准制还是存在许多弊端,包括高价、高市盈率、高募集资金,以及新股屡屡遭遇爆炒等,一直被市场所诟病。要减少新股"三高"发行现象,减少新股爆炒行为,关键是供求之间要达到动态平衡。从整个市场来看,既有大量符合条件的企业上市,又有大量不符合条件的企业退市,做到优胜劣汰。从这个意义上说,"IPO不审"的注册制显然更有利。当然,前提是要做到IPO公开、公平、公正,减少钱权交易、内幕交易等事情的发生。这就需要健全配套制度,包括司法追溯、赔偿机制、集体诉讼制度和退市制度的完善,加快体制建设步伐,促进监管体制的进一步市场化是未来的发展方向。

表 6-2　新股发行监管制度演变

新股监管制度	新股监管要求
1. "额度管理"阶段：1993-1995 年	这一阶段实行的是"计划管理,额度控制"的做法。国务院证券主管部门根据国民经济发展实际情况,先确定融资总额度,然后根据各个省和行业在国民经济发展中的重要性和实际需要分配总额度,再由省政府或行业主管部门在额度范围内来来选择和确定本省或本行业可以发行股票的企业。
2. "指标管理"阶段：1996-2001 年 3 月	这一阶段实行"总量控制,限报家数"的做法。由国务院证券主管部门确定一定时期内发行上市的企业总家数,然后向各省和各行业主管部门下达股票发行家数指标,省政府或行业主管部门在上述指标内推荐预选企业,证券监管部门负责审核符合条件的预选企业。
3. "通道制"阶段：2001 年 3 月-2004 年 12 月	所谓"通道",就是由证券监管部门根据各券商的实力和业绩,确定其拥有的发股通道数量,采取"证券公司自行排队,限报家数"的做法。
4. "保荐制"阶段：2005 年 1 月至今	"保荐制"下,企业发行上市不仅需要保荐机构进行保荐,还需保荐代表人具体负责保荐工作。保荐工作分为两个阶段,即尽职推荐阶段和持续督导阶段。

6.2.3　加强对承销商声誉机制的培育

首次公开发行市场(即IPO市场)上,投资者和发行者之间有严重的信息不对称。作为 IPO 市场认证中介机构的承销商自身也面临着可信性问题 (Booth & Smith, 1986)。声誉机制是缓解承销商的道德风险,保证信息生产可信性的重要制度安排。承销商声誉机制是随着我国证券发行监管制度的发展逐渐形成的,其具体形成过程如表6-3所示。

从表 6-3 可知,承销商声誉阶段性趋势和发行制度的市场化变迁紧密联系。审批制下,发行企业居于主导地位,承销商处于弱势地位,承销商往往妥协其责任,致使虚假陈述,欺诈上市的事件屡屡发生,声誉机制不起作用。审批制向核准制的变迁,强化了承销商声誉机制。首先,核准制增强承销商主导力量,他们负责企业的推荐上市和合理估价,对发行人信息披露质量承担检查责任;其次,核准制增大了承销商发行承销股票的风险;另外,核准制下承销商对发行企业的定价和营销能力将成为承销商最核心竞争力,承销商声誉分化越来越突出。本书的研究也证明中国承销商声誉机制的有效性，承销商的声誉机制可以识别 IPO 企业类型，决定 IPO 企业盈余管理的属性。但由于中国证券市场尚未完全市场化，国内承销商声誉的阶段性积累只是一个趋势，加强市场约束和监管是培育承销商声誉机制的未来方向。

表 6-3　承销商声誉机制阶段性形成

新股监管制度	承销商声誉机制形成
1."审批制"阶段：1990 年—2001 年 3 月	本阶段最重要的特征就是实行额度的行政分配，各级政府是上市资源的分配主体，企业能否上市不在于本身质量的好坏，而取决于与地方政府的关系以及是否符合地方政府的利益需求，主承销商并没有选择企业的权力。其策略主要体现在如何争取到发行额度和发行项目。
3."通道制"阶段：2001 年 4 月—2004 年 12 月	通道制是核准制的第一阶段，此阶段取消过去行政机制遴选和推荐发行人的做法，而是由发行审核委员会依法审核股票发行申请。每家承销商只能拥有一定数量的通道，每条通道推荐一家企业，通道循环使用，每发行一家再上报一家，并通过不良记分制，通道暂停与扣减等措施，以促使券商提高执业水准。对主承销商来说，发行制度的变革，带来了更大的责任和风险，要求从关心发行的数量转向关心发行公司的质量。
4."保荐制"阶段：2005 年 1 月至今	保荐人制度的推行，是新股发行制度的重大变革，保荐人制度下，券商不仅要承担法定的责任，而且责任期限较长，保荐人选择企业失败或者没有做好保荐工作，上市公司出了问题，保荐人要承担连带责任，这对保荐人的信誉是一个很大的挑战，加大了券商的经营风险。

6.3　研究局限

由于时间和数据的限制，本书的研究存在以下一些不足：

（1）忽略会计准则的制度变迁对 IPO 盈余管理特定项目和方法的影响

会计准则作为一种不完全契约，赋予了企业一定的会计制度选择权，企业可以凭借会计政策的选择，通过会计方法、会计估计和会计时点的选择来管理盈余，以谋取自身利润的最大化。企业应计具体管理方式取决于会计准则给予企业的会计政策选择的弹性范围。自 20 世纪 90 年代初以来，我国大致上经历了四次大规模的会计制度改革,分别是 1993 年"两则""两制"的推出、1998 年的《股份有限公司会计制度》、2001 年的《企业会计制度》以及 2006 年与国际会计准则全面趋同的企业具体会计准则的发布。每一次的会计制度改革都伴随着某些会计政策的改变, 会直接影响 IPO 公司管理层应计盈余管理具体方式。由于数据收集的困难,本书的研究没有深入分析历次会计制度改革对 IPO 公司盈余管理所使用特定项目和方法的影响,对现有会计准则的弹性空间解读不够,未来的研究会重点关注会计准则变迁对 IPO 盈余管理具体手段与方法的影响。

（2）治理机制的研究局限于证券发行制度变迁的检验

根据公司治理理论,公司治理特征化为一系列保护投资者免于机会主义行为的机制。完善的公司治理由内部治理与外部治理组成,二者相互制衡、有机统一,本书基于中国 IPO 公司管制诱发型盈余管理动因的考虑,认为监管制度变迁会对 IPO 公司盈余管理行为产生重大影响,而现有监管制度治理效应的研究还不够全面,加之招股说明书中对于公司内部治理的数据披露过少,数据的缺乏阻碍了对内部治理结构的进一步研究,因此本书对 IPO 公司盈余管理治理机制的研究限于证券发行制度变迁的检验。多层次治理机制的综合效应,以及内部治理与外部治理的交互效应将是未来的研究方向。

（3）研究样本的选择有一定的偏差

本书在研究证券发行制度变迁对 IPO 盈余管理的影响时, 考虑到 2007 年开始上市公司采用新会计制度,与以往的会计准则改革相比,2006 年新会计制度是与国际会计准则全面趋同,会计确认与会计计量有许多新的规定,如果将 2006 年以后的数据纳入分析, 可能会影响数据的可比性。因此本书的研究范围是 1998—2006 年 IPO 公司,这导致本书的研究样本选择有一定的偏差,可能会影响研究结论的外推,未来的研究会进一步补充 2006 年以后的数据,对证券发行制度的影响进行长期的动态的研究。

参考文献

［1］蔡春, 蔡利, 陈幸. 内部审计质量与盈余管理——来自中国A股制造业上市公司的经验证据［J］. 上海立信会计学院学报, 2009,（06）: 9-18.

［2］蔡吉甫. 会计盈余管理与公司治理［J］. 当代财经, 2007,（06）: 109-114.

［3］蔡宁, 米建华. 股权分置改革后盈余管理对IPO发行影响的实证研究. 系统管理学报［J］, 2010,（04）: 439-443.

［4］陈工孟, 高宁. 中国股票一级市场发行抑价的程度与原因［J］. 金融研究, 2000,（08）: 1-11.

［5］陈共荣, 李琳. IPO前盈余管理与抑价现象的实证研究［J］. 系统工程, 2006,（09）: 74-80.

［6］陈书燕. 监管制度变革对IPO公司盈余管理的影响［J］. 山西财经大学学报, 2006,（02）: 1-3.

［7］陈武朝, 张泓. 盈余管理、审计师变更与审计师独立性［J］. 会计研究, 2004,（08）: 81-86.

［8］陈晓, 李静. 地方政府财政行为在提升上市公司业绩中的作用探析［J］. 会计研究, 2001,（12）: 20-28.

［9］陈祥有. 风险投资与IPO公司盈余管理行为的实证研究［J］. 财经问题研究, 2010,（01）: 64-69.

［10］陈祥有. 我国A股发行公司IPO前盈余管理的影响因素实证研究［J］. 北京工商大学学报（社会科学版）, 2009,（06）: 66-72.

［11］邓长荣, 马永开. 三因素模型在中国证券市场的实证研究［J］. 管理学报, 2005,（05）: 591-596.

［12］杜兴强, 温日光. 公司治理与会计信息质量: 一项经验研究［J］. 财经研究, 2007,（01）: 122-133.

［13］杜兴强, 周泽将. 高管变更、继任来源与盈余管理［J］. 当代经济科学, 2010,（01）: 23-33.

［14］ 高大为，魏巍.盈余管理对资本结构的影响——中国上市公司的实证分析［J］.南开管理评论，2004，（06）：67－72.

［15］ 高雷，张杰.公司治理、机构投资者与盈余管理［J］.会计研究，2008，（9）：64－72.

［16］ 郭泓，赵震宇.承销商声誉对IPO公司定价、初始和长期回报影响实证研究［J］.管理世界，2006，（03）：122－128.

［17］ 韩德宗，陈静.中国IPO定价偏低的实证研究［J］.统计研究，2001，（04）：29－35.

［18］ 胡奕明，唐松莲.独立董事与上市公司盈余信息质量［J］.管理世界，2008，（09）：149－160.

［19］ 黄春铃，陈峥嵘.IPO市场承销商声誉机制的形成机理及实证检验［J］.证券市场导报，2007，（02）：19－25.

［20］ 黄虹荃，崔文娟.中介机构声誉与IPO公司盈余管理水平关系——来自A股市场的实证研究［J］.财会通讯，2010，（33）：90－93.

［21］ 江维琳，李琪琦，向锐.董事会特征与公司盈余管理水平——基于中国民营上市公司面板数据的研究［J］.软科学，2011，（05）：142－144.

［22］ 李仙，聂丽洁.我国上市公司IPO中审计质量与盈余管理实证研究［J］.审计研究，2006，（06）：67－72.

［23］ 李延喜，杜瑞，高锐.机构投资者持股比例与上市公司盈余管理的实证研究［J］.管理评论，2011，（03）：39－45.

［24］ 林舒，魏明海.中国A股发行公司首次公开募股过程中的盈利管理［J］.中国会计与财务研究，2000，2（2）：87－130.

［25］ 刘江会，尹伯成，易行健.我国证券承销商声誉与IPO企业质量关系的实证分析［J］.财贸经济，2005，（03）：9－16.

［26］ 刘力，李文德.中国股市股票首次公开发行首日超额收益研究［J］.中国会计与财务研究，2000，2（4）：1－53.

［27］ 刘景章，项江红.风险投资与中国IPO公司盈余管理行为的实证研究——基于深圳和香港创业板的数据［J］.产经评论，2012，（04）：151－160.

［28］ 陆建桥.中国亏损上市公司盈余管理实证研究［J］.会计研究，1999，（09）：25－35.

［29］ 陆宇建.上市公司基于配股权的盈余管理行为实证分析［J］.南京社会科学，2002，（3）：26－32.

［30］ 孟焰，张秀梅.上市公司关联方交易盈余管理与关联方利益转移关系研究

[J]. 会计研究, 2006, (04): 37−43.

[31] 潘越, 吴超鹏, 史晓康. 社会资本、法律保护与 IPO 盈余管理[J]. 会计研究, 2010, (05): 63−67.

[32] 汪宜霞. 基于抑价和溢价的中国 IPO 首日超额收益研究[D]. 武汉: 华中科技大学, 2006.

[33] 王春峰, 李吉栋. IPO 企业盈余管理的实证检验[J]. 天津大学学报: 社会科学版, 2003, (04): 324−328.

[34] 王春峰, 姚锦. 中国股票发行市场价值低估现象实证[J]. 天津大学学报: 社会科学版, 2002, (04): 316−321.

[35] 王克敏, 廉鹏. 首发上市盈利预测制度变迁与公司盈余管理研究[J]. 会计研究, 2012, (03): 72−77.

[36] 王克敏, 王志超. 高管控制权、报酬与盈余管理——基于中国上市公司的实证研究[J]. 管理世界, 2007, (07): 111−119.

[37] 王雄元, 刘焱. 产品市场竞争与信息披露质量的实证研究[J]. 经济科学, 2008, (01): 92−103.

[38] 王彦超, 林斌, 辛清泉. 市场环境、民事诉讼与盈余管理[J]. 中国会计评论, 2008, (01): 21−40.

[39] 王志强, 刘星. 上市公司 IPO 盈余管理与其后期市场表现的实证分析[J]. 经济管理, 2003, (18): 78−81.

[40] 魏明海. 盈余管理基本理论及其研究述评[J]. 会计研究, 2000, (09): 37−42.

[41] 夏立军. 国外盈余管理计量方法述评[J]. 外国经济与管理, 2002, (10): 35−40.

[42] 夏立军. 盈余管理计量模型在中国股票市场的应用研究[J]. 中国会计与财务研究, 2003, 5(2): 94−154.

[43] 谢赤, 张祺. 关于中国 IPO 市场季节性变动现象的实证研究[J]. 长沙理工大学学报(社会科学版), 2004, (03): 50−53.

[44] 徐浩萍. 会计盈余管理与独立审计质量[J]. 会计研究, 2004, (01): 44−49.

[45] 徐浩萍, 陈超. 会计盈余质量、新股定价与长期绩效——来自中国 IPO 市场发行制度改革后的证据[J]. 管理世界, 2009, (08): 25−38.

[46] 杨丹, 林茂. 我国 IPO 长期市场表现的实证研究——基于超常收益率不同测度方法的比较分析[J]. 会计研究, 2006, (11): 20−23.

[47] 杨芳. 新股发行定价机制变迁对会计盈余质量的影响研究[D]. 上海: 复旦大学, 2011.

[48] 杨清香,张翼,张亮.董事会特征与盈余管理的实证研究——来自中国上市公司的经验证据[J].中国软科学,2008,(11):133-140.

[49] 应益荣,刘士杰.我国股票IPOs热销市场的实证研究[J].江西师范大学学报:自然科学版,2004,(03):232-236.

[50] 余明桂,夏新平,邹振松.控股股东与盈余管理——来自中国上市公司的经验证据[J].中大管理研究,2006,1(1):79-97.

[51] 张海云,徐春波.承销商声誉与IPO企业质量关系的实证分析——基于我国A股市场的数据[J].财会通讯,2009,(24):39-42.

[52] 章卫东.定向增发新股与盈余管理——来自中国证券市场的经验证据[J].管理世界,2010,(01):54-63.

[53] 张为国,王霞.中国上市公司会计差错的动因分析[J].会计研究,2004,(04):24-29.

[54] 张昕,杨再惠.中国上市公司利用盈余管理避免亏损的实证研究[J].管理世界,2007,(09):166-167.

[55] 张祥建,郭岚.盈余管理与控制性大股东的"隧道行为"——来自配股公司的证据[J].南开经济研究,2007,(6):76-93.

[56] 张祥建,徐晋.盈余管理的原因、动机及测度方法前沿研究综述[J].南开经济研究,2006,(06):123-139.

[57] 张雁翎,陈涛.盈余管理计量模型效力的实证研究[J].数理统计与管理,2007,(03):481-487.

[58] 张逸杰,王艳,唐元虎.上市公司董事会特征和盈余管理关系的实证研究[J].管理评论,2006,18(3):14-19.

[59] 张兆国,刘晓霞,邢道勇.公司治理结构与盈余管理——来自中国上市公司的经验证据[J].中国软科学,2009,(1):122-133.

[60] 张宗益,黄新建.我国上市公司首次公开发行股票中的盈余管理实证研究[J].中国软科学,2003,(10):37-39.

[61] 周铁,罗燕雯,荆娴.应计利润计量偏差及对识别盈余管理的影响——基于计量信息相关性分析和中国制造业上市公司经验验证[J].会计研究,2006,(06):63-69.

[62] 朱星文,廖义刚,谢盛纹.高级管理人员变更、股权特征与盈余管理——来自中国上市公司的经验证据[J].南开管理评论,2010,(02):23-29.

[63] Aggarwal R, Leal R. The Aftermarket Performance of Initial Public Offerings in

Latin America[J]. The Journal of the Financial Management Association, 1993, 22(1): 42.

[64] Aggarwal R, Rivoli P. Fads in the Initial Public Offering Market? [J]. The Journal of the Financial Management Association, 1990, 19(4): 45.

[65] Agrawal A, Cooper T. Accounting Scandals in IPO Firms: Do Underwriters and Vcs Help? [J]. Journal of Economics & Management Strategy, 2010, 19(4): 1117−1181.

[66] Aharony J, Lee C J, Wong T J. Financial Packaging of IPO Firms in China[J]. Journal of Accounting Research, 2000, 38(1): 103.

[67] Aharony J, Lin C, Loeb M P. Initial Public Offerings, Accounting Choices, and Earnings Management[J]. Contemporary Accounting Research, 1993, 10(1): 61.

[68] Aharony J, Wang J, Yuan H. Tunneling as an Incentive for Earnings Management During the IPO Process in China[J]. Journal of Accounting & Public Policy, 2010, 29(1): 1−26.

[69] Ahmad-Zaluki N A, Campbell K, Goodacre A. Earnings Management in Malaysian IPOs: The East Asian Crisis, Ownership Control, and Post-IPO Performance [J]. International Journal of Accounting, 2011, 46(2): 111−137.

[70] Alcarria Jaime J J, De Albornoz Noguer B G. Specification and Power of Cross-Sectional Abnormal Working Capital Accruals Models in the Spanish Context[J]. European Accounting Review, 2004, 13(1): 73−104.

[71] Ball R, Shivakumar L. Earnings Quality at Initial Public Offerings[J]. Journal of Accounting & Economics, 2008, 45(2): 324.

[72] Barber B M, Lyon J D. Detecting Long-Run Abnormal Stock Returns: The Empirical Power and Specification of Test Statistics[J]. Journal of Financial Economics, 1997, 43(3): 341−372.

[73] Baron D P. A Model of the Demand for Investment Banking Advising and Distribution Services for New Issues[J]. Journal of Finance, 1982, 37(4): 955.

[74] Barry C B, Muscarella C J, Peavy Iii J W, et al. The Role of Venture Capital in the Creation of Public Companies: Evidence From the Going-Public Process [J]. Journal of Financial Economics, 1990, 27(2): 447.

[75] Bartov E, Gul F A, Tsui J S L. Discretionary-Accruals Models and Audit Qualifications[J]. Journal of Accounting & Economics, 2000, 30(3): 421−452.

［76］ Bartov E, Mohanram P. Private Information, Earnings Manipulations, and Executive Stock-Option Exercises[J]. The Accounting Review, 2004, 79(4): 889−920.

［77］ Beatty R P. Auditor Reputation and the Pricing of Initial Public Offerings[J]. Accounting Review, 1989, 64(4): 693.

［78］ Beasley M S. An Empirical Analysis of the Relation Between the Board of Director Composition and Financial Statement Fraud [J]. The Accounting Review, 1996, 71(4): 443−465.

［79］ Beaver W, Mcnichols M, Nelson K. An Alternative Interpretation of the Discontinuity in Earnings Distributions[J]. Springer Netherlands, 2007: 12, 525−556.

［80］ Becker C L, Defond M L, Jiambalvo J, et al. The Effect of Audit Quality On Earnings Management[J]. Contemporary Accounting Research, 1998, 15(1): 1.

［81］ Benninga S, Helmantel M, Sarig O. The Timing of Initial Public Offerings[J]. Journal of Financial Economics, 2005, 75(1): 115.

［82］ Benveniste L M, Spindt P A. How Investment Bankers Determine the Offer Price and Allocation of New Issues[J]. Journal of Financial Economics, 1989, 24(2): 343.

［83］ Booth J R, Smith Ii R L. Capital Raising, Underwriting, and the Certification Hypothesis[J]. Journal of Financial Economics, 1986, 15(1/2): 261−281.

［84］ Boynton C E, Dobbins P S, Plesko G A. Earnings Management and the Corporate Alternative Minimum Tax[J]. Journal of Accounting Research, 1992, 30(3): 131−153.

［85］ Brau J C, Johnson P M. Earnings Management in IPOs: Post-Engagement Third-Party Mitigation Or Issuer Signaling? [J]. Advances in Accounting, 2009, 25(2): 125−135.

［86］ Brav A, Gompers P A. Myth Or Reality? The Long-Run Underperformance of Initial Public Offerings: Evidence from Venture and Nonventure Capital-Backed Companies[J]. Journal of Finance, 1997, 52(5): 1791.

［87］ Burgstahler D C, Eames M J. Earnings Management to Avoid Losses and Earnings Decrease: Are Analysts Fooled? [J]. Contemporary Accounting Research, 2003, 20(2): 253.

［88］ Burgstahler D, Eames M. Management of Earnings and Analysts' Forecasts to Achieve Zero and Small Positive Earnings Surprises [J]. Journal of Business Finance & Accounting, 2006: 33, 633-652.

[89] Carter R B, Dark F H. Underwriter Reputation and Initial Public Offers: The Detrimental Effects of Flippers[J]. Financial Review, 1993, 28(2): 279-301.

[90] Carter R B, Dark F H, Singh A K. Underwriter Reputation, Initial Returns, and the Long-Run Performance of IPO Stocks[J]. Journal of Finance, 1998, 53(1): 285-311.

[91] Carter R, Manaster S. Initial Public Offerings and Underwriter Reputation[J]. Journal of Finance, 1990, 45(4): 1045-1067.

[92] Chahine S, Arthurs J D, Filatotchev I, et al. The Effects of Venture Capital Syndicate Diversity on Earnings Management and Performance of IPOs in the US and UK: An Institutional Perspective[J]. Journal of Corporate Finance, 2012, 18(1): 179-192.

[93] Chemmanur T J, Fulghieri P. Investment Bank Reputation, Information Production, and Financial Intermediation[J]. The Journal of Finance, 1994, 49(1): 57-79.

[94] Chui A P L, Lau H F W, Ip Y K. The Post Issue Performance of Initial Public Offering Firms in the People's Republic of China[J]. Advances in International Accounting, 2001, 14(10): 75-100.

[95] Chung R, Ho S, Kim J. Ownership Structure and the Pricing of Discretionary Accruals in Japan[J]. Journal of International Accounting, Auditing and Taxation, 2004, 13(1): 1-20.

[96] Cohen D A, Dey A, Lys T Z. Real and Accrual-Based Earnings Management in the Pre- And Post-Sarbanes-Oxley Periods[J]. Accounting Review, 2008, 83(3): 757-787.

[97] Cohen D A, Zarowin P. Accrual-Based and Real Earnings Management Activities around Seasoned Equity Offerings[J]. Journal of Accounting and Economics, 2010, 50(1): 2-19.

[98] Datar S M, Feltham G A, Hughes J S. The Role of Audits and Audit Quality in Valuing New Issues[J]. Journal of Accounting & Economics, 1991, 14(1): 3-49.

[99] Datar V, Mao D Z. Deep Underpricing of China's IPOs: Sources and Implications [J]. International Journal of Financial Services Management, 2006: 345.

[100] Deangelo H, Deangelo L, Skinner D J. Accounting Choice in Troubled Compan-

ies[J]. Journal of Accounting and Economics, 1994, 17(1 − 2): 113 − 143.

[101] Deangelo L E. Managerial Competition, Information Costs, and Corporate Governance[J]. Journal of Accounting & Economics, 1988, 10(1): 3.

[102] Dechow P M, Dichev I D. The Quality of Accruals and Earnings: The Role of Accrual Estimation Errors[J]. Accounting Review, 2002, 77(4): 35.

[103] Dechow P M, Sloan R G. Executive Incentives and the Horizon Problem: An Empirical Investigation[J]. Journal of Accounting and Economics, 1991, 14 (1): 51 − 89

[104] Dechow P M, Sloan R G. Detecting Earnings Management[J]. Accounting Review, 1995, 70(2): 193 − 225.

[105] Dechow P M, Sloan R G, Sweeney A P. Causes and Consequences of Earnings Manipulation: An Analysis of Firms Subject to Enforcement Actions by the Sec [J]. Contemporary Accounting Research, 1996, 13(1): 1.

[106] Deboskey D G, Jiang W. Earnings Management and Auditor Specialization in the Post-Sox Era: An Examination of the Banking Industry[J]. Journal of Banking & Finance, 2012, 36(2): 613 − 623.

[107] Defond M L, Jiambalvo J. Debt Covenant Violation and Manipulation of Accruals[J]. Journal of Accounting & Economics, 1994, 17(1): 145.

[108] Dempsey S J, Hunt H G, Schroeder N W. Earnings Management and Corporate Ownership Structure: An Examination of Extraordinary Item Reporting [J]. Journal of Business Finance and Accounting, 1993: 20, 479 − 500.

[109] DuCharme L L, Malatesta P H, Sefcik S E. Earnings Management: Ipo Valuation and Subsequent Performance[J]. Journal of Accounting, Auditing & Finance, 2001, 16(4): 369.

[110] DuCharme L L, Malatesta P H, Sefcik S E. Earnings Management, Stock Issues, and Shareholder Lawsuits[J]. Journal of Financial Economics, 2004, 71(1): 27 − 49.

[111] Durtschi C, Easton P. Earnings Management? Erroneous Inferences Based On Earnings Frequency Distributions[J]. Journal of Accounting Research, 2009, 47: 1249 − 1281.

[112] Durtschi C, Easton P. Earnings Management? The Shapes of the Frequency Distributions of Earnings Metrics are Not Evidence Ipso Facto[J]. Journal of Ac-

counting Research, 2005, 43(4): 557−592.

[113] Dye R A. Auditing Standards, Legal Liability, and Auditor Wealth[J]. Journal of Political Economy, 1993, 101(5): 887.

[114] Erickson M, Shiing-Wu Wang M. Earnings Management by Acquiring Firms in Stock for Stock Mergers[J]. Journal of Accounting & Economics, 1999, 27(2): 149.

[115] Fama E F. Market Efficiency, Long-Term Returns, and Behavioral Finance[J]. Journal of Financial Economics, 1998, 49(3): 283−306.

[116] Fama, Eugence F, Jensent .Spearation of Ownership and Control [J]. Journal of Law and Econnomics, 1983, 26(2): 301.

[117] Fan Q T. Earnings Management and Ownership Retention for Initial Public Offering Firms: Theory and Evidence [J]. Accounting Review, 2007, 82 (1): 27−64.

[118] Fan J P H, Wong T J. Corporate Ownership Structure and the Informativeness of Accounting Earnings in East Asia[J]. Journal of Accounting and Economics, 2002, 33(3): 401−425.

[119] Fang L H. Investment Bank Reputation and the Price and Quality of Underwriting Services[J]. The Journal of Finance, 2005, 60(6): 2729−2761.

[120] Friedlan J M. Accounting Choices of Issuers of Initial Public Offerings [J]. Contemporary Accounting Research, 1994, 11(1): 1.

[121] Graham J R, Harvey C R. The Theory and Practice of Corporate Finance: Evidence From the Field [J]. Journal of Financial Economics, 2001, 60 (2/3): 187−243.

[122] Guay W R, Kothari S P, Watts R L. A Market-Based Evaluation of Discretionary Accrual Models[J]. Journal of Accounting Research, 1996, 34(3): 83−105.

[123] Guiso L, Sapienza P, Zingales L. Does Local Financial Development Matter? [J].The Quarterly Journal of Economics, 2004, 119(3): 929−969.

[124] Hanleya K W, Wilhelm Jr W J. Evidence on the Strategic Allocation of Initial Public Offerings[J]. Journal of Financial Economics, 1995, 37(2): 239.

[125] Healy P M. The Effect of Bonus Schemes on Accounting Decisions[J]. Journal of Accounting and Economics, 1985, 7(1−3): 85−107.

[126] Healy P M, Wahlen J M. A Review of the Earnings Management Literature and

its Implications for Standard Setting[J]. Accounting Horizons, 1999, 13(4): 365−383.

[127] Hei W L, Yan A X, Jian Z. Role of Underwriters in Restraining Earnings Management in Initial Public Offerings[J]. Journal of Applied Business Research, 2012, 28(4): 709−724.

[128] Hribar P, Collins D W. Errors in Estimating Accruals: Implications for Empirical Research[J]. Journal of Accounting Research, 2002, 40(1): 105−134.

[129] Ibbotson R G. Price Performance of Common Stock New Issues[J]. Journal of Financial Economics, 1975, 2(3): 235.

[130] Ibbotson R G, Jaffe J F. "Hot Issue" Markets[J]. Journal of Finance, 1975, 30 (4): 1027.

[131] Iqbal A, Espenlaub S, Strong N. Earnings Management around UK Open Offers [J]. European Journal of Finance, 2009, 15(1): 29−51.

[132] Jain B A, Kini O. The Post-Issue Operating Performance of Ipo Firms[J]. Journal of Finance, 1994, 49(5): 1699−1726.

[133] Jensen M C. The Modern Industrial Revolution, Exit, and the Failure of Internal Control Systems[J]. The Journal of Finance, 1993, 48(3): 831−880.

[134] Jensen M C, Meckling W H. Theory of the Firm: Managerial Behavior, Agency Costs and Ownership Structure[J]. Journal of Financial Economics, 1976, 3(4): 305−360.

[135] Jiraporn P, Miller G A, Yoon S S, et al. Is Earnings Management Opportunistic Or Beneficial? An Agency Theory Perspective[J]. International Review of Financial Analysis, 2008, 17(3): 622−634.

[136] Johnson, Simon, Rafael La Porta, Florencio Lopez-de-Silanes, and Andrei Shleifer. Tunneling[J]. American Economic Review, 2000, 90(2): 22−27.

[137] Jones J J. Earnings Management During Import Relief Investigations[J]. Journal of Accounting Research, 1991, 29(2): 193−228.

[138] Jiraporn P, Miller G A, Yoon S S, et al. Is Earnings Management Opportunistic Or Beneficial? an Agency Theory Perspective[J]. International Review of Financial Analysis, 2008, 17(3): 622−634.

[139] Kim M, Ritter J R. Valuing IPOs[J]. Journal of Financial Economics, 1999, 53 (3): 409−437.

[140] Klein A. Audit Committee, Board of Director Characteristics, and Earnings Management[J]. Journal of Accounting & Economics, 2002, 33(3): 375.

[141] Kothari S P, Leone A J, Wasley C E. Performance Matched Discretionary Accrual Measures[J]. Journal of Accounting and Economics, 2005, 39(1): 163−197.

[142] Kothari S P, Warner J B. Measuring Long-Horizon Security Price Performance [J]. Journal of Financial Economics, 1997, 43(3): 301.

[143] la Porta R, Lopez-De-Silanes F, Shleifer A, et al. Law and Finance[J]. Journal of Political Economy, 1998, 106(6): 1113.

[144] La Porta R, Lopez-De-Silanes F, Shleifer A, et al. Investor Protection and Corporate Governance[J]. Journal of Financial Economics, 2000, 58(1−2): 3−27.

[145] Lee G, Masulis R W. Do More Reputable Financial Institutions Reduce Earnings Management by IPO Issuers? [J]. Journal of Corporate Finance, 2011, 17(4): 982−1000.

[146] Leland H E, Pyle D H. Informational Asymmetries, Financial Structure, and Financial Intermediation[J]. Journal of Finance, 1977, 32(2): 371−387.

[147] Levitt Jr A. The 'Numbers Game'[J]. CPA Journal, 1998, 68(12): 14.

[148] Leuz C, Nanda D, Wysocki P D. Earnings Management and Investor Protection: An International Comparison[J]. Journal of Financial Economics, 2003, 69(3): 505−527.

[149] Loughran T, Ritter J R. Long-Term Market Overreaction: The Effect of Low-Priced Stocks[J]. Journal of Finance, 1996, 51(5): 1959.

[150] Loughran T, Ritter J R. The New Issues Puzzle[J]. Journal of Finance, 1995, 50 (1): 23.

[151] Loughran T, Ritter J R. Why Don't Issuers Get Upset About Leaving Money On the Table in IPOs? [J]. Review of Financial Studies, 2002, 15(2): 413.

[152] Louis H, Robinson D. Do Managers Credibly Use Accruals to Signal Private Information? Evidence from the Pricing of Discretionary Accruals Around Stock Splits[J]. Journal of Accounting and Economics, 2005, 39(2): 361−380.

[153] Liu J, Uchida K, Gao R. Political Connections and the Long-Term Stock Performance of Chinese IPOs[J]. Journal of International Financial Markets, Institutions and Money, 2012, 22(4): 814−833.

[154] Lucas D J, Mcdonald R L. Equity Issues and Stock Price Dynamics[J]. Journal

of Finance, 1990, 45(4): 1019.

[155] Lyon J D, Barber B M, Tsai C. Improved Methods for Tests of Long-Run Abnormal Stock Returns[J]. Journal of Finance, 1999, 54(1): 165−201.

[156] Mcnichols M F. Research Design Issues in Earnings Management Studies[J]. Journal of Accounting and Public Policy, 2000, 19: 313−345.

[157] Megginson W L, Weiss K A. Venture Capitalist Certification in Initial Public Offerings[J]. Journal of Finance, 1991, 46(3): 879−903.

[158] Michaely R, Shaw W H. The Pricing of Initial Public Offerings: Tests of Adverse-Selection and Signaling Theories[J]. Review of Financial Studies, 1994, 7(2): 279.

[159] Michaely R, Shaw W H. Does the Choice of Auditor Convey Quality in an Initial Public Offering? [J]. Financial Management, 1995,24(4): 15−301.

[160] Miller E M. Risk, Uncertainty, and Divergence of Opinion[J]. Journal of Finance, 1977, 32(4): 1151−1168.

[161] Morsfield S G, Tan C E L. Do Venture Capitalists Influence the Decision to Manage Earnings in Initial Public Offerings? [J]. The Accounting Review, 2006, 81 (5): 1119−1150.

[162] Peasnell K V, Pope P F, Young S. Detecting Earnings Management Using Cross-Sectional Abnormal Accruals Models[J]. Accounting & Business Research, 2000, 30(4): 313−326.

[163] Perry S E, Williams T H. Earnings Management Preceding Management Buyout Offers[J]. Journal of Accounting & Economics, 1994, 18(2): 157.

[164] Qian H, Yao L J. An Explanation for Earnings Management: Opportunistie Or Signaling? [J]. Journal of Theoretical Accounting Research, 2008: 5, 153−168.

[165] Rajgopal S, Venkatachalam M, Kotha S. Managerial Actions, Stock Returns, and Earnings: The Case of Business-to-Business Internet Firms[J]. Journal of Accounting Research, 2002, 40(2): 529−556.

[166] Rangan S. Earnings Management and the Performance of Seasoned Equity Offerings[J]. Journal of Financial Economics, 1998, 50(1): 101.

[167] Ritter J R. The Long-Run Performance of Initial Public Offerings[J]. Journal of Finance, 1991, 46(1): 3−27.

[168] Ritter J R. The "Hot Issue" Market of 1980[J]. Journal of Business, 1984, 57

(2): 215−240.

[169] Ritter J R, Welch I. A Review of IPO Activity, Pricing, and Allocations[J]. Journal of Finance, 2002, 57(4): 1795.

[170] Rock K. Why New Issues are Underpriced[J]. Journal of Financial Economics, 1986, 15(1): 187.

[171] Roosenboom P, van der Goot T, Mertens G. Earnings Management and Initial Public Offerings: Evidence from the Netherlands[J]. International Journal of Accounting, 2003, 38(3): 243.

[172] Roychowdhury S. Earnings Management through Real Activities Manipulation [J]. Journal of Accounting & Economics, 2006, 42(3): 335−370.

[173] Schipper K. Commentary On Earnings Management[J]. Accounting Horizons, 1989, 3(4): 91.

[174] Siew H T, Welch I, Wong T J. Earnings Management and the Underperformance of Seasoned Equity Offerings[J]. Journal of Financial Economics, 1998, 50(1): 63.

[175] Stein J C. Efficient Capital Markets, Inefficient Firms: A Model of Myopic Corporate Behavior[J]. Quarterly Journal of Economics, 1989, 104(4): 655.

[176] Stoll H R, Curley A J. Small Business and the New Issues Market for Equities [J]. Journal of Financial & Quantitative Analysis, 1970, 5(3): 309.

[177] Subramanyam K R. The Pricing of Discretionary Accruals[J]. Journal of Accounting & Economics, 1996, 22(1): 249.

[178] Teoh S H, Welch I, Wong T J. Earnings Management and the Long-Run Market Performance of Initial Public Offerings[J]. Journal of Finance, 1998, 53(6): 1935−1974.

[179] Teoh S H, T. J W, Rao G R. Are Accruals During Initial Public Offerings Opportunistic? [J]. Review of Accounting Studies, 1998, 3(1): 175.

[180] Teoh S H, Wong T J, Rao G R. Incentives and Opportunities for Earnings Management in Initial Public Offerings[J]. Working Papers (Faculty), University of Michigan Business School, 1994: 1.

[181] Thomas J, Zhang X. Identifying Unexpected Accruals: A Comparison of Current Approaches[J]. Journal of Accounting and Public Policy, 2000, 19(4−5): 347−376.

[182] Titman S, Trueman B. Information Quality and the Valuation of New Issues[J]. Journal of Accounting & Economics, 1986, 8(2): 159−172.

[183] Trueman B, Titman S. An Explanation for Accounting Income Smoothing[J]. Journal of Accounting Research, 1988, 26(3): 127.

[184] Venkataraman R, Weber J P, Willenborg M. Litigation Risk,Audit Quality, and Audit Fees: Evidence From Initial Public Offerings[J]. Accounting Review, 2008, 83(5): 1315.

[185] Wagenhofer A. Voluntary Disclosure with a Strategic Opponent[J]. Journal of Accounting and Economics, 1990, 12(4): 341−363.

[186] Warfield T D, Wild J J, Wild K L. Managerial Ownership, Accounting Choices, and Informativeness of Earnings[J]. Journal of Accounting & Economics, 1995, 20(1): 61−91.

[187] Wan W. The Effect of External Monitoring On Accrual-Based and Real Earnings Management: Evidence From Venture-Backed Initial Public Offerings[J]. Contemporary Accounting Research, 2012: 234−237.

[188] Welch I. Seasoned Offerings, Imitation Costs, and the Underpricing of Initial Public Offerings[J]. Journal of Finance, 1989, 44(2): 421.

[189] Xie B, Davidson Iii W N, Dadalt P J. Earnings Management and Corporate Governance: The Role of the Board and the Audit Committee[J]. Journal of Corporate Finance, 2003, 9(3): 295−316.

[190] Yeo G H H, Tan P M S, Ho K W, et al. Corporate Ownership Structure and the Informativeness of Earnings[J]. Journal of Business Finance & Accounting, 2002, 29(7/8): 1023−1046.